UN CAFÉ CONTIGO

Kristen Helmstetter

UN CAFÉ CONTIGO

5 minutos cada mañana para
transformar tu vida

DIANA

Título original: *Coffee Self-Talk*

© 2020, Kristen Helmstetter
Todos los derechos reservados.

Traducción: Alejandro Romero Álvarez

Esta edición en español es publicada por acuerdo con Montse Cortazar
Literary Agency (www.montsecortazar.com).

Diseño de portada: Planeta Arte & Diseño
Fotografía de portada: © iStock
Fotografía de solapa: Cortesía de la autora
Diseño de interiores: Alejandra Romero

© 2022, Editorial Planeta Mexicana, S.A. de C.V.
Bajo el sello editorial DIANA M.R.
Avenida Presidente Masarik núm. 111,
Piso 2, Polanco V Sección, Miguel Hidalgo
C.P. 11560, Ciudad de México
www.planetadelibros.com.mx

Primera edición en formato epub en México: septiembre de 2022
ISBN: 978-607-07-9078-2

Primera edición impresa en México: septiembre de 2022
Segunda reimpresión en México: noviembre de 2024
ISBN: 978-607-07-9046-1

Impreso en los talleres de Litográfica Ingramex, S.A. de C.V.
Centeno núm. 162-1, colonia Granjas Esmeralda, Ciudad de México
Impreso y hecho en México – *Printed and made in Mexico*

ÍNDICE

PARTE II

GUIONES DE DIÁLOGO INTERNO CON CAFÉ

INTRODUCCIÓN

¡Hola!

Soy Kristen y me alegra conocerte. Ahora que estoy escribiendo este libro, tengo cuarenta y tantos años y acabo de atravesar una gran transformación en mi vida. Admito que, antes de esta transformación, mi vida ya era bastante buena. Toda mi familia (mi esposo, mi hija y yo) gozaba de buena salud, y además de mi familia, tenía amigos y había cosechado algunos éxitos. No tenía nada *verdaderamente* grave de qué quejarme. Y, aun así, me la pasaba quejándome de cosas triviales. Problemas de gente privilegiada, ¿no?

Así que decidimos tomar la vida por los cuernos, vender todo y viajar por el mundo. El primer año, recorrimos Europa. Fue emocionante y divertido, pero me di cuenta de que estaba huyendo de algo o, para ser más precisa, de la falta de algo; estaba usando el viaje como una forma de escapar de una vida que, a mi parecer, no tenía ni propósito ni rumbo.

En general, tenía una actitud positiva respecto a mi vida. Mi vaso casi siempre estaba medio lleno, pero faltaba algo. Mi vida no tenía *magia*. Viajar me distrajo lo suficiente como para posponer la búsqueda de lo que quería hacer con mi vida pero, como era de esperarse, también trajo consigo bastante estrés, al moverse constantemente de una ciudad a otra, dependiendo de una maleta y con una hija.

Antes de salir de Estados Unidos, había profundizado bastante en el tema de la meditación de atención plena, o el *mindfulness*. También había adoptado una filosofía taoísta a grandes rasgos, que consistía en buscar un equilibrio y «seguir la corriente» en vez de estresarme por cosas que no podía controlar. Ambas cosas me trajeron paz, y estaba bastante satisfecha con los resultados. Sin embargo, aún había muchos días en los que me sentía perdida al despertar, y me costaba levantarme de la cama para empezar el día. ¿Por qué ocurría esto? Era una persona «bastante feliz», ¿no? Me sentía bendecida y afortunada.

Entonces, ¿por qué la ansiedad y la preocupación se apoderaban de mi corazón constantemente? Durante los primeros seis meses de nuestro viaje por el mundo, la gratitud, la meditación y el taoísmo me ayudaron a levantar mi trasero de la cama. Funcionaba bastante bien, pero no había... chispa. No brillaba. Me sentía llena de potencial y también sentía, en lo profundo de mi ser, que tenía muchas cosas por las cuales sentirme feliz y agradecida, y que debía estar brillando como oro y volando tan alto como un águila. Pero no era así.

Si conoces mi sitio web (kristensraw.com), entonces probablemente conoces el resto de la historia. Pero para aquellos que me conocen por primera vez, después de siete meses de estar viajando, tuve una crisis nerviosa. Experimenté mi noche oscura del alma mientras luchaba con mi falta de enfoque y dirección. Fue duro y aterrador, y me sentía paralizada.

Sin embargo, el arcoíris no puede salir si no hay una tormenta antes, y esa crisis fue lo que inició un proceso que culminó en un avance personal, en el que descubrí una nueva y mejorada forma de vivir. También descubrí *un proceso*. Un proceso con resultados que casi parecen milagrosos, y que cualquiera puede seguir.

Desde aquel momento hasta ahora que escribo esto, he experimentado una transformación de lo más asombrosa. Encontré mi espíritu, mi enfoque, mi luz, y ahora vuelo como el águila que siempre supe que podía ser. He dado rienda suelta a mi dicha.

Hay varias técnicas que contribuyeron a mi épica transformación, y algunas ya las he detallado en mi sitio web. Una de las técnicas clave, o ingredientes, para llevar una vida legendaria es lo que llamo «Coffee Self-Talk» (diálogo interno con café). Ya he hablado brevemente de esto en mi sitio web, pero tenía mucho más que decir al respecto. Así que escribí el libro que ahora estás leyendo.

Sería increíble para mí si algo de lo que leas en este libro lograra encender una chispa en tu vida. Mi mamá siempre dice, «Si encuentras por lo menos una buena receta en un libro de cocina, ¡valió la pena leerlo!». Cuando leas este libro, espero que te lleves una (¡o diez!) ideas para transformar tu vida. Mi objetivo es que este libro te ayude a llevar una vida más feliz, sana y épica. Ahora te toca a ti cobrar vida, y hoy es el comienzo de la versión más feliz de tu vida. Conforme implementes los consejos y técnicas de este libro, te aseguro que te volverás una persona más feliz y te enamorarás por completo de la vida.

Ven a volar conmigo. Lo mereces. ¡Todos lo merecemos!

Con cariño,
Kristen

P.D. Digo algunas groserías en este libro, pero lo hago por el amor y la emoción que siento. ¿Qué puedo decir? Soy una apasionada mujer italiana 😊. Esta no es una conversación unilateral. Me encantaría escuchar tu historia también. Lo que has probado y cómo te está funcionando. Puedes contactarme en:

Kristen@HappySexyMillionaire.me

¡No puedo esperar a saber de ti!

PARTE I

CÓMO CREAR UNA VIDA MÁGICA CON DIÁLOGOS INTERNOS

Capítulo 1

¿QUÉ ES EL DIÁLOGO INTERNO CON CAFÉ?

Diálogo interno + café

El diálogo interno con café es una poderosa rutina capaz de cambiar tu vida que solo toma cinco minutos al día. Es una rutina que transforma tu vida, mejora tu autoestima y te llena de felicidad, y que te ayuda a atraer la vida que siempre soñaste. Otro aspecto muy importante es que crea un sentimiento de plenitud y valor. Todo esto acompañado de una taza de café.

El diálogo interno con café incluye dos cosas: 1) tu café mañanero, y 2) tu diálogo interno. Si no estás familiarizado con el concepto de diálogo interno, abróchate el cinturón, porque esto es algo que seguro te cambiará la vida.

Diálogo interno: introducción

Incluso si nunca has escuchado acerca del concepto de diálogo interno (*self-talk*), es algo que has hecho toda tu vida, y este ha existido desde hace mucho tiempo, probablemente desde que el *Homo sapiens* empezó a hablar. Esta es la versión resumida:

Diálogo interno es simplemente palabras que nos decimos a nosotros mismos. Es tu voz interior, tu monólogo interno. A veces es hablado, a veces silencioso. A veces estás consciente de él, a veces no... hasta que prestas atención. Este libro te ayudará a hacer eso.

El diálogo interno es esencialmente un diálogo en tu cabeza sobre ti mismo, la concepción que tienes de ti y las cosas que haces. Es la forma en que te ves y te refieres a ti mismo. ¿Piensas que eres inteligente? ¿O que no lo eres? Ese es tu diálogo interno. ¿Piensas que eres afortunado o desafortunado? Ese es tu diálogo interno. ¿Piensas que estás rodeado de oportunidades? ¿O todo lo contrario? Ese es tu diálogo interno. ¿Piensas que eres hermoso? ¿O no? ¡Talentoso? ¿O no? Todo esto es tu diálogo interno.

Como puedes apreciar, el diálogo interno puede ser bueno o malo, útil o peligroso. Una afirmación (una declaración que se dice como si fuera verdad) puede ser positiva o negativa. Todo lo que decimos o pensamos sobre nosotros y nuestras vidas, *se vuelve nuestra verdad* cuando lo afirmamos, ya sea para bien o para mal. Es decir, nuestro subconsciente lo cree, sin importar si es verdad o no.

Por lo tanto, empezaremos a trabajar en un proceso en el que le diremos a nuestro subconsciente que *ya somos* como queremos ser. El subconsciente no juzga, solo sigue indicaciones, así que se limitará a hacer lo que le digas. Es así de sencillo, aunque eso no quiere decir que sea fácil para todos. La gran mayoría de nosotros no estamos acostumbrados a ser amables con nosotros mismos. Eso cambiará para cuando termines este libro. Te volverás tu propio mejor amigo, y cuando lo hagas, la magia y la verdadera transformación empezarán.

Aunque el diálogo interno es algo bastante antiguo, empezó a conocerse como tal a partir del siglo XX. La idea de que las personas tenemos un diálogo en el interior de nuestras cabezas empezó a ser estudiada en los años veinte. Durante la década de los setenta y ochenta, el término comenzó a ganar popularidad, cuando las personas se dieron cuenta de que podían transformar su cerebro y su comportamiento cambiando lo que dicen y piensan de sí mismos. Como resultado, el diálogo interno se ha convertido en una herramienta muy socorrida en el ámbito de la autoayuda, especialmente entre individuos de alto desempeño, como ejecutivos importantes, emprendedores, atletas, soldados de élite y entusiastas de la comunidad de *life hackers*.

Millones de personas ordinarias también han aprendido sobre el diálogo interno. A mediados de los ochenta, el Dr. Shad Helmstetter escribió un libro titulado *What to Say When You Talk to Your Self* (Qué decir cuando hablas contigo mismo), el cual se convertiría en un clásico de los libros de autoayuda, vendiendo millones de copias y siendo traducido a más de 60 idiomas. El concepto se volvió incluso más conocido después de que el Dr. Helmstetter pasara los siguientes 30 años escribiendo más libros, dando charlas alrededor del mundo, otorgando miles de entrevistas y hasta apareciendo cinco veces en *El show de Oprah Winfrey*.

Esto significó un cambio gradual en la cultura, incluso para las personas que nunca habían escuchado hablar del término. Imagina cuál sería la reacción de las personas en la actualidad si regañaras a tu hijo en público y le dijeras algo como, «¡Jamás serás alguien en la vida!». Suena tan impactante para nuestros oídos modernos que es fácil olvidar que esa clase de discurso solía ser bastante común. En la actualidad, la mayoría de los padres saben que esto no es correcto; saben que palabras como esas pueden tener fuertes, dolorosos y duraderos efectos en sus hijos. El Dr. Helmstetter tuvo mucho que ver con este cambio de paradigma cultural.

Yo no había escuchado del Dr. Helmstetter cuando conocí a su hijo, Greg, quince años atrás. (Ahora, Greg es mi esposo, pero luego les cuento más de eso). Sin embargo, sí estaba familiarizada con la idea de que tus palabras, ya sean las que dices en voz alta o las que se encuentran en tu cabeza, tienen importancia. Mucha. De hecho, son tan importantes que es vital elegirlas con gran cuidado. Al menos hasta que hayas inculcado en ti la costumbre de decir cosas buenas en vez de hirientes. A la larga, esto se vuelve automático.

«Diálogo interno con café» es mi versión personalizada del diálogo interno. Es una combinación de diálogo interno clásico, para aumentar tu autoestima y ajustar tus creencias y comportamientos, además de varias afirmaciones increíbles y, si quieres, algunos de mis pasajes de libros favoritos, letras, citas u otras palabras para inspirarte y animarte. Y, por supuesto, café. Yo soy la prueba viviente de que esta combinación de palabras, café y un ritual diario puede afectar drásticamente tu humor, compartimiento y tu percepción más profunda de ti mismo, sin importar cuáles sean las condiciones de tu vida actualmente.

Cuando mejoras tu autoestima, todo lo demás en tu vida cambia. Te vuelves una estrella fugaz, lleno de emoción por afrontar cada día. Vaya, ¡te sientes emocionado de *vivir!* Cuando tu comportamiento y, en especial, tus hábitos están en sincronía con tus metas y sueños a largo plazo, entonces las cosas en tu vida se «acomodan» como por arte de magia. Todo encaja.

Y resulta que no es magia, sino neurociencia, pero vaya que se siente como algo mágico.

Yo hago mis diálogos internos con café todos los días, casi sin falta. Me inspiran y me ayudan a dirigir mis acciones en la dirección de mis manifestaciones de *Happy Sexy Millionaire* (también hablaré sobre esto más adelante). Hacen que todos y cada uno de mis días brillen como un diamante. Lo que podría haber sido un día malo, se transforma en uno bueno. Y lo que empieza como un buen día, se convierte en uno maravilloso. Sin importar lo que la vida me depare, el diálogo interno con café hace que todo encaje mejor. Amplifica enormemente lo bueno y disminuye de manera instantánea lo no tan bueno. Hará toda la diferencia en tu mundo. Lo prometo.

Las ventajas de tener estos diálogos internos con café a diario son poderosas, le abren la puerta a la felicidad en tu vida, al mismo tiempo que te acercan a tus metas, resoluciones y a tu vida de ensueño. Esto no significa que nunca tendrás desafíos, sino más bien que los desafíos comunes de la vida no te afectarán, ni harán que pierdas la cabeza. Será como en *Matrix*, cuando las balas vuelan hacia Neo y él simplemente las esquiva todas, sin daño alguno. *Así* funcionan los diálogos internos con café cada vez que la vida te quiera joder.

En otras palabras, no importa que la vida te lance cañonazos, porque eres capaz de esquivarlos con algo de magia y recuperarte con rapidez. ¡Eso es habilidad! Eso es ser el verdadero héroe de tu vida… responder mejor, más fuerte y rápido. Esto te devuelve la felicidad, y te lleva a un estado de ecuanimidad que te permite seguir adelante.

Los diálogos internos con café te cambian la vida, y me emociona acompañarte en este viaje. Compartiré ejemplos de mis propios diálogos internos con café y muchos guiones de muestra para ayudarte a comenzar. Encontraremos el momento perfecto para hacerlo cada día, con tu taza de café matutina. Además, descubrirás consejos y trucos para mejorar tus propios diálogos internos, como si los espolvorearas con polvo de hadas, para que florezcan y expandan tu vida aún más, atrayendo tus deseos y metas más rápido que nunca. Los diálogos internos, en general, son extremadamente útiles, pero crear un programa diario de ellos acelera tu éxito y felicidad. Hablaremos más sobre todas estas cosas increíbles en un momento.

¿Los diálogos internos son lo mismo que el pensamiento positivo?

Los diálogos internos están relacionados con el pensamiento positivo en algunos aspectos, pero no son exactamente lo mismo.

El pensamiento positivo es importante, porque tienes que creer que tus resultados deseados son posibles si vas a hacer un esfuerzo (o incluso tomar riesgos) para alcanzarlos. El diálogo interno te ayuda a forjar creencias nuevas y mejores, y a fortalecer aquellas que desees reforzar. Por lo tanto, el diálogo interno ayuda a brindarte una visión más positiva y constructiva de lo que es posible. Y en particular, de lo que eres capaz de lograr.

Los escépticos suelen tachar el pensamiento positivo de ser poco realista o solo ilusiones. A veces, esto es verdad, como cuando alguien no evalúa los riesgos que implica tomar cierto curso de acción. Pero el espacio entre lo que la gente cree que puede hacer y lo que realmente es capaz de hacer es MUY amplio. A todos nos haría bien arriesgarnos un poco más. El temor a tomar riesgos está en nuestra naturaleza: el temor que sentimos por las posibles consecuencias negativas es mayor que nuestro deseo de alcanzar nuestra meta. De hecho, muchos de los riesgos que percibimos se basan en miedos completamente inventados. Fantasmas y monstruos que nacen de creencias que tenemos desde la infancia, como el miedo al fracaso, o a lo que los demás piensen de nosotros.

Para la mayoría de las personas, pensar positivamente es el primer paso hacia una evaluación mucho más precisa de lo que es realmente posible.

El pensamiento positivo también puede causar problemas cuando terminamos fingiendo que los problemas reales no existen. Claro que los problemas existen. O cuando asumimos que los problemas desaparecerán sin hacer nada. Los diálogos internos, si se hacen de manera correcta, no tienen nada que ver con desear que los problemas desaparezcan. De hecho, es todo lo contrario... el diálogo interno es *proactivo*. Te permite ver las cosas de una nueva manera y te da el poder de tomar acciones para resolver los problemas. Y, en muchos casos, ¡previene los problemas antes de que estos lleguen!

¿El amor propio no es lo mismo que el narcisismo?

No, de hecho, es prácticamente lo contrario. El *narcisismo* es una admiración personal excesiva. La palabra clave es *excesiva*. En su versión más extrema, el narcisismo patológico es un desorden de personalidad que se caracteriza por un profundo egoísmo, falta de empatía, una sensación de privilegio, necesidad de admiración y la creencia de que uno es mejor, más inteligente y merecedor que todos los demás.

Pero lo interesante es que… el narcisismo *siempre* es el resultado de una *profunda sensación de autodesprecio*, en la que el ego se protege elevándose artificialmente, a veces hasta caer en el absurdo, y en detrimento de todos los demás.

La gente verdaderamente confiada no presume; no siente la necesidad de hacerlo. Tampoco busca atención. Ni siente la necesidad de tener siempre la razón. Cada vez que veas a alguien que, a simple vista, parece seguro de sí mismo exhibiendo estos rasgos, lo que realmente estás presenciando es un ego asustado que busca validación externa.

En resumen, el narcisismo se basa en el miedo.

El amor propio es todo lo contrario.

Muchas de las afirmaciones positivas del diálogo interno (y de los guiones de este libro) se basan en el concepto de amor propio, que se convierte en la base sólida como roca sobre la que podemos empezar a construir un cambio positivo y duradero. Sin amor propio es muy difícil que las personas se consideren *dignas* de recibir lo que desean. Y muchas veces terminan autosaboteándose de manera inconsciente, como cuando dejan las cosas a medias.

Por este motivo, los guiones en este libro contienen muchas afirmaciones de amor propio, tales como:

Soy un genio hermoso y creativo.

Soy valiente.

Me amo.

Soy una persona magnífica; mágica.

Soy sexy, radiante, brillante y rebosante de vida.

Y así sucesivamente.

Este tipo de frases están específicamente diseñadas para programar a tu cerebro, de modo que puedas sentir amor propio y creer en ti mismo. Son tu diálogo interno, no lo que le dices al resto del mundo, a menos que tengas la intención de enseñarles a otros a hacerlo, o de compartir la idea del amor propio, o poner un ejemplo a tus amigos y seres queridos. No se trata de presumir y jamás deben de utilizarse para tratar de impresionar a los demás.

Una vez que logres programar a tu cerebro para creer (y para *sentir*) esta clase de pensamientos, se internalizarán y se manifestarán de muchas formas. Algunas de estas formas serán evidentes para el resto del mundo y muchas otras no, porque formarán parte de tu propio estado mental interno, dichoso, feliz y mágico. No podría haber algo más alejado del estado interno de un narcisista.

Y hablando de compartir ideas, cuando mi familia y yo nos quedamos con mi mamá en Estados Unidos, seis meses después de que estallara la pandemia de Covid-19, yo quería seguir con mis hábitos de amor propio y diálogo interno, a pesar de ser huéspedes en la casa de alguien más. Una de las cosas que más me gusta es escribir un puñado de mis frases de diálogo interno con café en notas adhesivas de distintos colores, una afirmación por nota. Escribí alrededor de veinte de ellas y pegué tres o cuatro en el espejo del baño, y las iba cambiando de vez en cuando.

Compartimos el baño con mi mamá, así que le dije lo que estaba haciendo con las notas adhesivas. Probablemente pensó que era extraño, pero le expliqué lo importante que era mi diálogo interno y cómo este fue fundamental para mi éxito y mi felicidad. Y ella fue un gran apoyo, como siempre. Pero, en secreto, sabía que tener esas notas en el espejo significaría que ella también las leería.

Tampoco me habría importado que mis visitantes las vieran, aunque no recibimos visitas durante el encierro por la pandemia. De hecho, me hubiera encantado. Las notas en el espejo representan una oportunidad para compartir algo que cambió mi vida y que también podría cambiar la de los demás. Amarnos a nosotros mismos, ya sea en público o en privado, es algo bueno cuando lo hacemos con amor propio.

¡Y adivina qué! Mi mamá incluso creó algunas notas propias y las pegó en el espejo, ¡justo al lado de las mías!

Diálogos internos instruccionales vs. motivacionales

Hay dos clases de diálogos internos; los primeros son los *instruccionales*, que involucran una lista de instrucciones. Estos son muy utilizados por atletas y artistas. Por ejemplo, cuando una golfista está preparándose para darle a la pelota, tal vez repase una lista de instrucciones y comentarios internos para mejorar su rendimiento. Muchos basquetbolistas llevan a cabo una pequeña rutina de diálogo interno mientras se preparan para arrojar un tiro libre. Los actores se preparan de una manera similar antes de salir a escena.

Los diálogos internos son increíblemente efectivos para los atletas y artistas porque los ayudan con su técnica, su concentración y su ejecución. Las palabras dan rienda suelta a una cascada de patrones neurológicos y fisiológicos que han sido asimilados por medio de incontables horas de práctica. Les ayuda a entrar en «la zona» o a «fluir». Este tipo de diálogo interno también le ayuda a la gente a enfocarse en el presente, y a no dejarse distraer por errores pasados o por el temor a cometer errores nuevos.

El segundo tipo de diálogo interno, que es en el que nos enfocaremos en este libro, es el *motivacional*. Este aumenta la autoestima, nos motiva a esforzarnos y crea una mentalidad óptima e ideal. Como resultado, puede ayudarte a alcanzar tus sueños a la vez que te hace sentir como todo un campeón en el camino. Específicamente, el diálogo motivacional te ayuda a alcanzar tus metas, ya sean personales o profesionales, pequeñas o grandes. También puede ayudarte a sanar tu cuerpo y estar más saludable. ¡Puedes usarlo para mejorar tus finanzas y para encontrar al amor de tu vida! Las mejoras que el diálogo interno puede brindarle a tu vida son incontables.

En este libro, te mostraré cómo crear tu propio guion megaempoderado de diálogo interno, que podrás utilizar para crear y vivir tu *mejor* y más *mágica* vida.

El diálogo interno, ya sea positivo o negativo, *tiene* un impacto en ti

Como ya he mencionado en este libro, los diálogos internos son un arma de doble filo. Pueden ser buenos o malos. Así que es importante que estés consciente de tu diálogo interno, ya que es algo extremadamente poderoso. Las palabras que piensas y te dices a ti mismo, buenas o malas, terminarán por crear esa vida para ti. Dentro de tu cerebro y tu boca, tienes el poder para elegir esa vida. Un diálogo interno bueno es la base de una vida buena. Mientras que, un diálogo interno malo, es una receta segura para una vida de mierda. Así de fácil.

¿Cómo podemos saber si nuestro diálogo interno es malo? Fácil... Un diálogo interno malo consiste en cualquier palabra o pensamiento sobre ti, sobre tu vida, tus circunstancias o el mundo a tu alrededor que no sea inspirador. Si te quejas o criticas cualquier cosa o a cualquier persona, eso es un diálogo interno malo. ¿No te gusta el tamaño de tus muslos? Eso es un diálogo interno malo. ¿No te gusta tu auto y te quejas de él? Ese es un diálogo interno negativo. ¿Sientes que no te mereces un aumento? Ese es un diálogo interno terrible. ¿Sientes que no eres lo suficientemente bueno como para merecer el amor de una persona maravillosa? Ese es un diálogo interno de mierda.

Un buen diálogo interno es como tener un tornado de pensamientos brillantes dentro de ti, que te deja una sensación agradable cuando gira en tu cerebro y sale por tus labios. Te sientes inspirado y energizado y lleno de dicha cuando los piensas o dices. Cuando te felicitas por un buen trabajo, o piensas que te ves muy bien a pesar de todo, o te dices a ti mismo que tienes la habilidad y el valor necesario para alcanzar lo que deseas; todos estos son ejemplos de un buen diálogo interno. Todas estas palabras que dejan tu vaso medio lleno, que te hacen sentir inspirado, valioso y entero... ese es un diálogo interno increíble.

Ahora que sabes la diferencia, tienes que asumir la responsabilidad de usar tu diálogo interno, el bueno o el malo, es una *elección*. Tu elección. Tú eliges si usar el diálogo interno bueno o el malo.

¿Cuál elegirás?

Ahora ya conoces el secreto. La clave está en tu cerebro. Tienes el poder, y puedes usarlo como quieras.

Dales vida a tus sueños, fuerza a tus visiones
y luz a tu camino.

—SHAD HELMSTETTER

La pregunta del millón/pregunta para responder por ti, por mí y por todos nosotros es… ¿cómo utilizar este poder que tenemos? Piensa en esto por un momento. Cierra los ojos y siéntelo.

Suena sencillo: «De ahora en adelante, ¡todos mis diálogos internos serán BUENOS!». Pero eso no quiere decir que sea fácil para todos. No te preocupes, hacia eso vamos. Para algunos, puede ser difícil acostumbrarse a decir cosas amables sobre sí mismos, a ellos mismos, en especial para las personas con autoestima baja. Literalmente, puede costarles trabajo decir las palabras, porque son demasiado incongruentes con la imagen que esa persona tiene de sí misma.

Pero te prometo que, una vez que empieces, se va volviendo mucho más fácil. *¡Y divertido!*

Tómate un momento para recordar la última vez que te viste en el espejo. ¿Qué pensaste, o qué te dijiste a ti mismo? Cuando te vestiste y cepillaste los dientes esta mañana, ¿sentiste amor por ti mismo y por tu cuerpo? Si es así, genial. ¡Vengan esos cinco! Sigue así, porque eso te ayuda a crear un día lleno de emoción y oportunidades. ¡Estoy segura de que empezarás estos diálogos internos con el pie derecho!

Sin embargo, tal vez las cosas no son tan color de rosa en tu caso. ¿Tuviste un diálogo interno negativo? ¿Te criticaste? Si es así, estás creando una energía negativa que te seguirá durante el resto del día, como la nube arremolinada de suciedad e insectos de Cochino, el personaje de Charlie Brown.

No te preocupes, está bien. Bueno, no está bien, pero es *normal*. Lo que quiero decir es que no te preocupes, ya que lo arreglaremos. ¡Diálogo interno con café al rescate! Los diálogos internos pueden usarse para crear un nuevo tú, una nueva personalidad. ¡Qué emocionante!

O vaya, tal vez simplemente te ignoraste o tu mente estaba en otra parte, mientras te cepillabas los dientes en piloto automático. Aunque esto sea neutral, sigue siendo una oportunidad desperdiciada.

Cómo tener un diálogo interno increíble

¡Buenas noticias! Un buen diálogo interno consiste simplemente en elegir pensamientos buenos, positivos y edificantes, con la mayor frecuencia posible. ¡Tu diálogo interno es poderoso! Es una herramienta brillante que traerá más abundancia a tu vida. Todo lo que se necesita es practicar, y usar este programa de Diálogo interno con café es una manera fácil de hacerlo. Cambia tu diálogo interno y tu vida cambiará.

Si deseas una salud increíble, usa un diálogo interno saludable. Si quieres ganar más dinero, usa un diálogo interno próspero. Si quieres más confianza, usa el diálogo interno empoderado. Independientemente de lo que desees mejorar o cambiar, el diálogo interno ayudará a que estos cambios lleguen diez veces más rápido.

Todo comienza con tus palabras, pensamientos, sentimientos y lenguaje… tu diálogo interno. Ganar más dinero viene con sentirse digno. Si no te sientes verdaderamente digno, en el fondo, puedes solucionarlo por completo con el diálogo interno. Volverse supersaludable viene de sentirse completo. Sentirse completo se puede programar con palabras que digas sobre tu mente, cuerpo, salud y hábitos. Todo comienza con tu diálogo interno. No es solo el punto de partida, sino también la mayor fuente de motivación para lograr tus objetivos.

Arreglar tu diálogo interno puede ser tan simple como pensar algo como: «Soy muy productivo y bueno para escribir».

O, cuando alguien dice: «Hola, ¿cómo estás?», responder con una gran respuesta como «¡Súper!» o «¡Increíble!».

Tal vez se sienta un poco extraño al principio. Exagerado, tonto, bobo y raro. ¡Pero no lo es! Entre más lo hagas, más divertido se vuelve, lo prometo, especialmente cuando observas las reacciones de la gente. Me encanta cuando alguien me pregunta cómo estoy y esperan el clásico «Bien», y los sorprendo con un «¡Increíble!» o incluso con un… «¡Absolutamente fantástica!». Es divertido ver su reacción. Después de que pasa la impresión inicial, no pueden evitar responder con algo de asombro, «Guau. Eh, qué bien».

Una vez que dejan de sentirse extrañas, estas respuestas positivas se convierten en la nueva norma y uno se siente cómodo con ellas. Y luego, si no respondes con una afirmación grande y positiva, no te sientes del todo bien, como si te faltara algo. Pero durante la fase inicial, cuando las afirmaciones positivas todavía suenan extrañas al salir de tu boca, debes darte cuenta de que, en realidad, no es necesario creer las palabras al principio. ¡Con el tiempo lo harás! Esa es la magia del diálogo interno.

Reprogramarás tu cerebro; esto sucede automáticamente con solo decir las palabras. Así es como estamos diseñados. De hecho, la forma en que te sientes hoy, bien o mal, es el resultado de palabras de programación cerebral que has recibido en el pasado, de padres, maestros, amigos, televisión, redes sociales, etc. Y, en particular, palabras que has pensado o te has dicho a ti mismo.

Cuando dices: «Estoy… saludable, soy grandioso, poderoso, confiado, etc…», le ordenas a tu mente que se mueva hacia una determinada experiencia. Tu vida comienza a ir en esa dirección, llevándote hacia un nuevo destino, uno diseñado por ti (no es coincidencia que «destino» tenga esa doble acepción como «sitio» y «designio de vida»). Es muy fácil. Pronto entraremos en los detalles de cómo escribir tu propio diálogo interno y por qué combinarlo con café.

Ajustar tu diálogo interno reescribe tu programación actual y ajusta el panel de control de tu cerebro para dirigir tu comportamiento y acciones con el fin de comenzar a vivir de la manera en que realmente deberías vivir. Si has tenido un mal diálogo contigo mismo hasta ahora, no te preocupes. Cualquiera puede empezar a arreglarlo ahora mismo. Tú tienes el poder. Hoy, en este mismo segundo.

Este libro es una herramienta, y tu éxito dependerá de qué tanto te comprometas con el sencillo programa descrito en estas páginas. Recuerda, tienes la libertad, *en todo momento*, de tener pensamientos inspiradores y poderosos... o no. Tú eliges. Cada elección es una oportunidad de cambiar.

Entoooooonces... ¿Cómo se encuentra tu diálogo interno hoy en día?

Quedé bastante sorprendida cuando me tomé un tiempo para escuchar mis propias palabras. Fue un momento profundo para mí. Pensaba que tenía un diálogo interno bastante bueno, pero ohhh noooo, ni siquiera estaba cerca. En realidad, mi diálogo interno apestaba un poco.

Cuando me di cuenta de que todo lo que decimos es una afirmación de algún tipo, una afirmación positiva o negativa que crea nuestra realidad, me detuve a analizar detenidamente las palabras que me decía a mí misma todos los días. Cada palabra, cada pensamiento.

Aunque pensaba muchas cosas positivas sobre mí, me sorprendió descubrir que en realidad pensaba muchas más cosas negativas. Yo era una dura crítica de mí misma, y pude contar muchos más comentarios y pensamientos negativos sobre mí y el mundo en general. Estos podían ser sobre cualquier cosa... canas, arrugas, ropa desaliñada, comida, finanzas, niveles de energía, mis circunstancias, las personas que me rodeaban, etcétera.

A pesar de ser una persona generalmente positiva (o eso pensaba), me las arreglaba para encontrar muchas cosas de las que quejarme. Incluso si se trataba de microquejas, poco a poco, estas fueron erosionando mi autoestima, mi salud y mi experiencia de vida. ¡Pero yo no sabía eso! Aquí es donde la cosa se vuelve engañosa. Verás, tenía suficiente diálogo interno bueno en mi vida como para que mi diálogo interno malo no fuera completamente perjudicial. En general, mi diálogo interno era «suficientemente bueno» y, por lo tanto, no me daba cuenta de que estaba diciendo algo negativo. No me daba cuenta de lo mucho que podía mejorar.

Por ejemplo, digamos que mi diálogo interno en un día cualquiera se conformaba de 37 cuestiones negativas y 63 positivas. Las positivas dominaban, por lo que me sentía más positiva que negativa, así que mi diálogo interno no era lo suficientemente negativo como para que percibiera la necesidad de un cambio. Pero uno de esos puntos negativos basta para afectar mucho a mi cerebro. *¡Solo uno!* No me daba cuenta de que *cada* pensamiento negativo te apaga, aunque sea un poco. Estos se van sumando y las consecuencias son muy malas. Las oportunidades se desvanecen, como cuando se va la luz. O como un truco de magia, ahora lo ves, y ahora... *¡puf!* El diálogo interno negativo es así de poderoso, y así no es como uno quiere vivir. No se *supone* que vivamos así.

Esto fue revelador para mí. Este momento de autorreflexión, esta intuición, fue un momento brevemente tierno y triste a la vez, cuando me di cuenta de que me había estado tratando mal durante tantos años. De hecho, me lamenté un poco, al percatarme que había estado ocultando mi vida en una oscuridad innecesaria y dañina. *Pero...* también fue muy alentador, porque había mucho margen de mejora.

Ahora había muchísimas oportunidades para elevarme. Esta idea encendió un fuego ardiente en mi interior, y acepté por completo el hecho de que mi vida iba a cambiar, una vez que me deshice del diálogo negativo y lo reemplacé TODO con palabras positivas. ¡Y me refiero a TODO! Sin embargo, el desafío puede ser lograr ese cambio radical. Porque la verdad es que no necesitamos ningún diálogo interno negativo. Nada. Cero. Cada instancia, por pequeña que sea, tiene un precio. Es una muerte por miles de cortes; no te mata en una sola instancia o pensamiento negativo, sino que lentamente mueres un poco más con cada expresión dañina.

Verás, tu diálogo interno no solo es importante para tu autoestima, sino que también se arraiga en todas las facetas de tu vida, incluido un impacto dramático en tu salud. Cuando tienes un diálogo interno positivo todo el tiempo, es como una vitamina superprotectora y rica en nutrientes que infunde a tu cuerpo con una esencia curativa dorada. Tampoco es algo místico, aunque las palabras que utilizo para describirlo pueden parecerlo.

Un buen diálogo interno te hace sentir mejor y, cuando te sientes mejor, tu sistema endocrino secreta niveles más bajos de hormonas del estrés. Esto es beneficioso porque, con el tiempo, los efectos del estrés crónico literalmente te matan. ¡Y cuando experimentes menos estrés, tu cuerpo se curará más rápido! Para decirlo de manera poética, un diálogo interno amoroso crea un ambiente genial que baña a tus células en los elixires relucientes de la manifestación. ¡Visualiza esa belleza!

Toma las riendas y responsabilízate por tu vida a partir de hoy

Tienes un poder tremendo cuando dependes menos de las condiciones de tu mundo exterior o cuando no estás sujeto a las decisiones que toman otras personas. Tu diálogo interno es importante porque lo que piensas de ti mismo se convierte en tu «verdad». Tu verdad se convierte en tu vida, tu destino. De hecho, la forma en que te sientes contigo mismo es la fuerza impulsora que dictamina si tienes un buen día, un día aburrido o un día horrible. Piénsalo... la forma en que te sientes ahora es el resultado de cómo pensaste en ti mismo esta mañana, ayer, la semana y el mes pasados.

Tenemos que hacer este cambio nosotros mismos, todos y cada uno de nosotros. Tu vida no mejorará a menos que lo hagas realidad. La buena noticia es que todo lo que necesitas está dentro de ti. Aquí y ahora mismo; todo depende de ti. Encontrarás tu propia fuente (¡o tu géiser!) de felicidad y éxito, que brota directamente desde tu interior. Es solo que la mayoría de nosotros no sabíamos que teníamos ese poder.

¿Suena demasiado bueno para ser verdad? ¡No lo es! Es la forma en que estábamos destinados a vivir. Imagina que estás parado frente a una puerta que está cerrada. De un lado, está tu vida maravillosa, llena de luz, amor, confianza, emoción, estrellas fugaces y sueños hechos realidad. Del otro lado, estás TÚ. Te quedas ahí, con la mano en el picaporte. Todo lo que necesitas para abrir esa puerta es pensarlo.

Es como un poder jedi. Dices cosas positivas y edificantes sobre ti y tu vida. La manija de la puerta se vuelve dorada y brilla con calidez por la energía que le transfieres. Te sientes animado con estos pensamientos que te dices a ti mismo y la manija gira. Así de fácil. Abres la puerta, la atraviesas y entras a todo lo que siempre supiste que podías ser. Siempre lo fuiste, siempre estuvo ahí, esperando a que dieras el paso.

La vida es de dentro hacia fuera. Cuando cambias por dentro, la vida cambia por fuera.

—KAMAL RAVIKANT

Capítulo 2

DIÁLOGO INTERNO CON CAFÉ

Cómo llevar a cabo tu diálogo interno con café (versión resumida)

Los pasos son sencillos:

1. Prepárate una taza de café cada día (o de té, de agua... lo que más te guste).

2. Mientras te sientas a beberla, tómate el tiempo para saborear el café, para *disfrutarlo*, mientras llenas tu cerebro de afirmaciones poderosas (palabras que te dices a ti mismo) a la vez.

3. Para mejores resultados, dilas en voz alta.

Y eso es todo.

Las siguientes frases son ejemplos de mi propio diálogo interno con café (que aparecen en el capítulo 5):

Amo la vida. Amo mi vida. ¡Me amo!

Bendigo todo lo que hay en mi vida en este momento. Mi café, mi silla, mi cama, mi familia, mis amigos, mi vida entera.

Soy una persona increíble porque soy amable, hermosa y generosa.

La vida está llena de oportunidades por todas partes. ¡No pienso desaprovecharlas!

Amo el día de hoy porque yo estoy a cargo de mi día. ¡Mi día es como yo decido! Me siento poderosa.

Me siento animada en este momento porque me estoy cuidando. Me merezco este tiempo para preparar mi día y hacer que sea el mejor posible.

¡Hoy tendré un día increíble! *Sonrío ampliamente, estoy emocionada por todo lo que ocurrirá hoy, a cada hora.*

Soy un imán para el éxito, la prosperidad, la abundancia y todo lo que deseo.

Alejo todos los miedos de mí. ¡Se van volando!

Me estoy responsabilizando por mi éxito, y por el resto de mi vida. Soy una mujer con una misión.

¡Me ENCANTA sentirme tan bien! ¡Sííí!

Estos pensamientos y sentimientos instruyen a tu cerebro y cuerpo, como un modelo a seguir, para que puedas tomar mejores decisiones, cometas menos errores, sientas mayor fortaleza emocional y ames tu vida más de lo que jamás creíste posible.

¡Sentirás algunos resultados al instante! También puede que experimentes cierta resistencia, o tal vez te sientas algo raro diciéndolo al principio. De cualquier manera, descubrirás que, a medida que continúes diciendo tu nuevo diálogo interno, cambiarás durante las próximas dos a tres semanas. Me refiero a un cambio *dramático*. Como convertirse en una nueva persona. Toda una maldita metamorfosis. Tu cerebro literalmente comienza a reconfigurarse cuando tienes diálogos internos. (Veremos eso a detalle más adelante).

¿Por qué café?

Las instrucciones tradicionales de diálogo interno no mencionan nada sobre beber deliciosas bebidas calientes con cafeína (o, de nuevo, cualquiera que sea tu bebida preferida. A partir de ahora, cada vez que diga «café», tan solo reemplázalo con tu bebida favorita).

Anclar el proceso a tu café matutino tiene los siguientes beneficios:

1. Ritualización

Cuando ritualizas un comportamiento, le das un significado especial. Este significado le da más importancia, lo que hace que te lo tomes más en serio. Cuanto más ceremonial, mejor. Y debido a que los rituales se repiten, se vuelven parcialmente automatizados, que es la clave para establecer algo como hábito. (Para obtener más información sobre los hábitos, puedes consultar el capítulo 14).

2. Consistencia

No es como si alguna vez olvidaras tu café de la mañana. El noventa por ciento del éxito en la vida consiste en simplemente apegarse a algo el tiempo suficiente para que funcione. Ya sea ejercicio, dieta, plan financiero o avance profesional, la perseverancia es la clave. Si vinculas el diálogo interno con una parte de tu rutina diaria que es muy poco probable que te saltes, imagina los beneficios a largo plazo para tu bienestar y éxito.

3. Modalidades multisensoriales

Vincular tu diálogo interno ritualizado con el acto de tomar café conectará las palabras que digas con la experiencia sensorial y fisiológica de beber una bebida tibia y deliciosa. Si tu bebida preferida tiene cafeína, entonces obtienes el beneficio adicional de ingerir un estimulante nootrópico mientras dices tus afirmaciones. Esto significa que el cerebro presta más atención a lo que dices. Sin mencionar que todo el café que bebas en el futuro se convierte en un desencadenante instantáneo de tu estado mental más capacitado e ingenioso, así como los perros de Pavlov babeaban cada vez que tocaba la campana para cenar.

4. Alegría

Porque, sinceramente, el café es delicioso.

¿Por qué empezarás a amar tu vida cuando hagas tus diálogos internos con café?

Porque cuando cambias tus pensamientos, cambias tu cerebro, cambias tu enfoque y cambias tu realidad. Con nuevos pensamientos positivos, tienes nuevas opciones y estas opciones te brindan nuevos comportamientos. Una vez que tus comportamientos cambien para bien, tendrás nuevas experiencias y nuevos sentimientos. ¡Bam! ¡Bienvenido a tu nuevo tú!

Combinar mi café con mi diálogo interno diario es una de las herramientas que utilicé para lograr grandes cambios en mi vida. Al hacer mi diálogo interno con café, me doy el poder para tomar medidas y hacer realidad mis sueños, con una perspectiva nueva y fresca todos los días, desde el momento en que comienzo la mañana con mi café.

Piensa en el café de esa manera por un momento... ¡un elixir mágico y misterioso que te da el superpoder de la confianza total en ti mismo! Lo sé... suena un poco tonto, pero síganme la corriente. Solo suena tonto porque el café en realidad no hace eso por sí solo. ¡Pero el diálogo interno sí lo hace!

Cuando combinas los dos, los enlazas en tu cerebro. Al tomar café mientras hablas contigo y al repetir este ritual todos los días, anclas los *beneficios* del diálogo interno a la *experiencia* de tomar café.

¿Sabías que las ratas que son irradiadas (y se enferman) después de comer un alimento con un sabor único, se enfermarán otra vez siempre que prueben el mismo sabor, incluso cuando no se administre radiación? ¡El cerebro hace cosas locas como esas, todo el tiempo! ¡Hace que las cosas sean reales!

Al practicar el diálogo interno con café, estás sacando provecho de esta extraña peculiaridad de nuestro cerebro para convocar tu estado mental más empoderado. ¡Cada mañana! ¡O varias veces al día!

También te hace sentir genial en ese momento. No hay que esperar. Es inmediato. Cuando haces tu diálogo interno con café, todo se eleva, en el momento exacto en que lo haces. Entonces, si bien es cierto que hay algunos beneficios del diálogo interno que van apareciendo poco a poco (como atraer la abundancia a tu vida en general), también sentirás más felicidad con las primeras palabras de tu diálogo interno, cada vez que lo hagas. Es simplemente lo que hace tu cerebro. También aumenta instantáneamente tu energía (bueno, eso y la cafeína, jaja), y te prepara para tener un día lleno de éxito.

Dicho de otro modo, si te sientes mal, deprimido o tu alma está letárgica, es imposible permanecer así cuando tienes tu diálogo interno. No estoy diciendo que tu actitud cambiará de cero a 10 cada vez (aunque así es como funciona ahora para mí y para muchos otros), pero sí cambiará en una dirección ascendente. Y un objeto en movimiento tiende a permanecer en movimiento.

Es simplemente imposible permanecer en la oscuridad total cuando estás leyendo o diciendo cosas edificantes. Cualquier mejora es útil; pasando de cero a tres, o incluso de cero a uno. Es un cambio positivo. Cada vez marcará la diferencia. Con el tiempo, esa diferencia puede ser tan instantánea como encender un interruptor de luz, pasando de cero a 10 en un instante, en una sola sesión de diálogo interno con café, porque habrás entrenado a tu cerebro para hacerlo.

¿Cómo empezaron los diálogos internos con café?

Cuando tenía poco más de 20 años, comencé a jugar con el diálogo interno, a mi manera. Practicaba conversaciones motivacionales en el espejo conmigo misma, siempre eligiendo palabras y pensamientos que me hicieran sentir bien. Pero en ese momento, no me daba cuenta de que lo que estaba haciendo se llamaba «diálogo interno».

Cuando jugaba golf, también me dirigía a la pelota con un diálogo interno instructivo, repasando una lista mental y dándome ánimos antes del *swing*. También me gustaba mucho hablar conmigo misma antes de las entrevistas de trabajo. Fue algo muy eficaz para aumentar mi autoestima y ayudarme a mostrar el tipo de confianza que solo muestra alguien que está genuinamente relajado.

Así que no era ajena al concepto del diálogo interno. Pero no fue sino hasta que conocí a mi esposo que aprendí el término. ¿Cómo es posible que no lo conociera? Yo era fanática de Tony Robbins y devota de la autoayuda. ¿Y cómo supo mi atractiva cita (ahora mi esposo) sobre esta cosa tan interesante llamada diálogo interno? Definitivamente estábamos destinados a estar juntos.

Resulta que su padre, Shad Helmstetter, ahora mi suegro, es considerado por muchos como el padre del diálogo interno, por haber hecho quizá más que nadie en la historia por popularizar el concepto. Así que, en efecto, mi esposo sabía un par de cosas al respecto.

Como una persona a la que le gustaba pasar el rato en la sección de autoayuda de la librería, consideraba que tenía una perspectiva positiva respecto a la mayoría de las cosas en la vida. Si me encontraba con un desafío o problema, asumía que existía una solución en alguna parte, incluso si aún no sabía cuál era. Creía que el tiempo sanaba todas las heridas. Que la gente es básicamente buena, que las nubes oscuras tienen un arcoíris detrás, que los contratiempos me hacen más fuerte, etcétera.

Pero no seguía un programa de diálogo interno *per se*. Solo sabía que era mejor tener buenos pensamientos que malos pensamientos. Pero debido a que no fui intencional ni estructurada con mi enfoque, como lo hubiera sido con un programa formal, me tomó más tiempo recuperarme de las caídas, los desafíos y los fracasos. Mi actitud a grandes rasgos buena me aseguraba que *a la larga* me recuperaría, pero vaya que podría haber sido MUCHO más rápido. Y podría haber evitado tantas caídas en primer lugar si mi perspectiva se hubiera sintonizado correctamente. Sabiendo lo que sé ahora, la vida es mucho mejor con el hábito del diálogo interno, y más *sencilla* también.

Y eso es lo que promete el diálogo interno. Si usas el diálogo interno con regularidad (y la clave para hacerlo regularmente es convertirlo en un hábito, como, no sé… con una taza de café), entonces puedes tener una vida increíble y sentirte increíble, casi todo el tiempo. Tu cerebro se reconfigura para ser genial y te conviertes en un nuevo tú.

Ese es el truco: encontrar el tiempo para hacerlo, y hacerlo con regularidad. Mira, seamos honestos, puedes encontrar mil momentos al día para hablar contigo mismo de manera positiva. Mientras caminas hacia la cocina desde el dormitorio, mientras haces pipí o te cepillas los dientes, mientras conduces tu auto, mientras cocinas, todas estas son oportunidades para aprovechar tu voz interior y sentirte animado.

Sin embargo, si haces tu diálogo interno mientras tomas tu café de la mañana, nunca te olvidarás de hacerlo. Se convierte en un gran hábito, con absoluta regularidad, ¡porque ningún bebedor de café digno de llamarse como tal se salta su café de la mañana! Al combinar la actividad de tomar café con el diálogo interno, este se vuelve *automático*.

Pero la cosa no acaba ahí. Cuando hago mi diálogo interno con café, no me quedo sentada pensando cosas positivas entre sorbos, distraída con la primera nube de arcoíris esponjosa que venga a mi mente. Ohhh noooo, es mucho más deliberado. Diseñé un programa completo y lo ajusté y perfeccioné para una implementación fácil y de gran éxito.

El diálogo interno positivo constante
es sin duda uno de los mayores regalos
para la mente subconsciente.

—EDMOND MBIAKA

Diálogo interno con café en su nivel más básico

1. Consigue pluma y papel, o una libreta, tu computadora o tu *smartphone* con una aplicación como

Evernote o Notes (yo uso la aplicación Notes en mi iPhone).

2. Escribe 15-20 cosas buenas sobre ti. Usa la primera persona y el tiempo presente. Por ejemplo, «Soy una millonaria feliz y sexy» (yo digo esto aunque aún no sea literalmente una millonaria. Esta parte de hablar del futuro como si fuera el presente es *muy* importante). Estas 15-20 palabras son tu diálogo interno, y pueden incluir tus propias e increíbles afirmaciones positivas, letras de canciones que te animen, citas inspiradoras que puedes escribir en primera persona, etc. Las usarás todos los días, y puedes hacerles cambios cada vez que quieras.

3. Al despertar, levántate, prepara tu deliciosa taza de café y bébela mientras lees tu diálogo interno una y otra vez. Repítelo una y otra vez, hasta que hayas terminado de beber. Si puedes leer en voz alta, mejor, incluso si es murmurando. Haz esto cada mañana con tu café y listo, ya tienes tu diálogo interno con café.

4. Disfruta el día increíble que *tú* mismo creaste.

En realidad esta es tan solo la punta del iceberg. Sigue leyendo para descubrir por qué esto es tan poderoso, y cómo crear tu propio e increíble programa de diálogo interno con café.

«Acumulación de hábitos» para tu diálogo interno con café

Un día, mientras escuchaba el audiolibro de James Clear, *Hábitos atómicos*, me di cuenta de que lo que estaba haciendo en realidad con mi diálogo interno con café era mi propia versión de lo que él llama «acumulación de hábitos». La acumulación de hábitos es una de las razones por las que el diálogo interno con café es tan eficaz. Estás adoptando un hábito positivo, el diálogo interno, y lo apilas sobre otro hábito que ya te encanta hacer, beber café. Esto te ayuda a usar tu tiempo de manera eficiente y crea una conexión que puedes usar a tu favor.

En mi caso, ya tenía el hábito de tomar café, que me encanta, y al agregarle el diálogo interno, es relativamente fácil crear un hábito de diálogo interno megapoderoso que persiste con el tiempo. Si hubiera intentado hacer esto sin el café... bueno, quién sabe si hubiera seguido haciéndolo. Tal vez no. Al final resultó que mi taza de café diaria está llena de afirmaciones brillantes que dan forma a mi día. Curiosamente, ¡ahora disfruto mi café más que antes! Así que encárgate de unir un viejo y atractivo hábito con un nuevo comportamiento que te gustaría que se convierta en hábito. Eso es acumular hábitos.

Lo mejor es que tienes tiempo para implementar este programa. Ya tienes el hábito de beber una taza de café. Ahora, puedes ser más inteligente con tu tiempo y darle más propósito. Intencionalidad. En lugar de perder el tiempo revisando las redes sociales o el correo electrónico, haz algo que garantiza aumentar tu felicidad y efectividad personal en solo unos minutos.

Hacer las cosas de antes, como revisar las redes sociales, refuerza el viejo tú. Estamos interesados en la *transformación*. Debido a que queremos vivir vidas épicas de abundancia y felicidad, estamos aprendiendo nuevos hábitos, como el diálogo interno con café, para *nuestro nuevo yo*. Entonces, en lugar de hacer cosas a primera hora de la mañana que caen bajo la etiqueta de *consumo*, sube de nivel de inmediato al tomar las riendas de tu propio poder con el diálogo interno positivo. Conviértete en un *creador* con tu diálogo interno a primera hora de la mañana y ya verás lo rápido que cambia tu vida.

Es importante comprender un par de cosas sobre cómo hacer que los hábitos se mantengan. Para empezar, cuando quieres formar un nuevo hábito, es útil si de verdad *crees* que es un hábito deseable y te sientes bien al respecto. No solo porque otras personas dicen que el hábito es bueno, sino porque tú mismo lo crees. Al darle un significado positivo y saber que te beneficia, alineas tu voluntad con tu propósito. Cuando esto sucede, la resistencia se evapora, acelerando el proceso para alcanzar el éxito.

Ahora, para hacer que los buenos hábitos se mantengan, debes hacer un plan sobre cuándo y dónde realizar el comportamiento que se convertirá en un hábito. Con un plan, es más probable que lo cumplas. El diálogo interno con café es exactamente este tipo de plan. Ya nos encanta el café y ahora lo estamos anclando a un nuevo hábito que nos gustaría crear: el diálogo interno. Se convierte en un ciclo que se refuerza a sí mismo, y tu nueva e increíble identidad reforzará el brillante hábito de diálogo interno, para generar así un cambio permanente.

No solo tenemos este nuevo hábito por la mañana, sino que debido a que está anclado al aroma y el sabor del café, no pasará mucho tiempo antes de que nuestras mentes recurran al diálogo interno positivo en otros momentos del día. Por ejemplo, cuando bebas una segunda taza más tarde en la mañana o temprano en la tarde, tu mente no podrá evitar dirigirse al diálogo interno positivo. ¡Es más, con el solo hecho de caminar frente a una cafetería donde estén tostando o preparando café puede desencadenar tu diálogo interno positivo! La primera vez que esto te suceda, te reirás con un sentimiento de complicidad.

Cambia tus pensamientos y cambiarás tu mundo.

—Norman Vincent Peale

Capítulo 3

LOS INCREÍBLES BENEFICIOS DEL DIÁLOGO INTERNO CON CAFÉ

¡Primero lo primero! Cualquiera puede utilizar el diálogo interno y beneficiarse de los profundos resultados y la adaptabilidad que ofrece. Mujeres, hombres, niños, adolescentes o personas mayores… todos podemos cosechar los beneficios al instante. Solo tienes que comenzar y comprometerte a hacerlo todos los días, ya verás que es fácil hacer. Una vez que comiences, verás que el diálogo interno *es tan adictivo como tu café*.

Beneficio #1: ¡Diálogo interno con café para una vida legendaria!

Como ya te habrás dado cuenta, el diálogo interno con café es un programa poderoso porque te permite crear una nueva identidad propia con un flujo simple y vital de afirmaciones positivas de tu elección. A primera vista, las afirmaciones pueden parecer solo palabras, pero su efecto en ti es mucho más profundo. Esta poderosa conversación interna da forma, fija y reprograma tu subconsciente y, de hecho, te convierte en una nueva persona dinámica. Aquí es donde cobras vida, porque las afirmaciones positivas preparan a tu cerebro y tu cuerpo, llenándote de neurotransmisores y endorfinas que te ponen de buenas.

Es decir, no solo te hace más eficaz y bueno para atraer posibilidades, sino que también te hace más feliz en el momento.

Como resultado, el diálogo interno con café llena tu vida de energía y entusiasmo. Descubrirás que las frases y las palabras doradas despiertan alegría en ti en el momento en que salen de tus labios. Te harán brillar como la hermosa estrella que eres. Y, brillando así, te sentirás mejor... dichoso, de hecho. Incluso eufórico. Esto, a su vez, atrae una vida más extraordinaria, porque te conviertes en un imán para todo lo asombroso. Tu vida se vuelve más fácil porque fluye sin esfuerzo.

Una vez que empieces, sabrás exactamente de qué estoy hablando. Las cosas empezarán a cambiar, algunas un poco y otras enormemente. Pronto te sentirás más tranquilo, menos crítico y mucho más feliz. Así es como inicia para todos nosotros.

Y luego, empiezas una racha, y comienzan a suceder tantas sincronicidades locas y geniales que no puedes evitar pellizcarte para comprobar que no es un sueño. Después de un tiempo, se vuelve algo normal. Tu vida adquiere una grandeza épica que es ahora la nueva normalidad y lo que esperas de ella.

Se sentirá como algo mágico, pero es solo ciencia. Las palabras que elijas pensar y decir programarán tu comportamiento de maneras específicas. Las frases que selecciones desencadenarán sentimientos y emociones particulares causados por las sustancias químicas que tu propio cuerpo libera en respuesta. Estas emociones elevadas que hemos creado a partir de nuestro diálogo interno con café nos ayudan a producir endorfinas (péptidos opiáceos) y los llamados neurotransmisores del «bienestar», como la dopamina, la serotonina (la hormona de la «felicidad») y la oxitocina (la hormona del «amor y la unión»). De hecho, los científicos siguen descubriendo más de estos, como el neurotransmisor anandamida, que se conoce como la «molécula de la felicidad». Nuestros cerebros la producen cuando estamos en un estado emocional elevado. ¡Genial!

Con tu diálogo interno, elegirás las palabras que digas para adaptarse a tu situación y maximizar el impacto. Estas palabras no solo son la clave para sentirse increíble en cualquier momento (el beneficio a corto plazo), sino que también son la fuente de la *ciencia mágica* que hará realidad tus sueños a largo plazo.

Sobra decir que te sentirás mucho mejor, más saludable, más fuerte y feliz al poner en práctica tu diálogo interno con café. Encontrarás oportunidades más favorables, relaciones significativas y momentos divertidos en cada esquina. Descubrirás que toda tu visión del mundo cambia. Las cortinas desaparecen y, de repente, aparecen ante ti posibilidades únicas que antes no veías. La verdad es que algunas de estas oportunidades siempre estuvieron ahí, pero tu atención selectiva las filtró, con base en tu estado mental anterior y creencias sobre el mundo.

Te darás cuenta de que puedes hacer cosas que nunca creíste posibles. De hecho, el diálogo interno con café es una parte importante de cómo me convertí en autora de novelas románticas, cuando nunca pensé que fuera posible.

Beneficio #2: Amarte a ti mismo, por fin

En primer lugar, el diálogo interno incluye naturalmente pensar y decir cosas amorosas a uno mismo, y responder con amabilidad hacia nosotros mismos a través de nuestras acciones.

Por ejemplo, pensemos en una mujer que no está feliz con su cuerpo. Sin embargo, comienza a afirmar el amor por ella misma y por su cuerpo. Este no es su sentimiento habitual. Antes, se quejaba y suspiraba cada vez que veía su cuerpo en el espejo. Pero ahora, ha decidido empezar a pensar y a decirse cosas mejores; está decidida a brillar más y a iluminarse con una nueva forma de hablar consigo misma.

Después de unos días de seguir con esta nueva rutina de «Me amo», comienza a notar un cambio. Se da cuenta de que es más amable consigo misma y se critica menos. Después de otra semana, en realidad comienza a pensar que es más bonita de lo que nunca ha sido. Su bondad hacia sí misma, expresada constantemente, ha comenzado a reverberar, de modo que ahora comienza a verse bajo una nueva y radiante luz.

La parte realmente loca, la parte *mágica*, es que en realidad ahora es más bonita... literalmente más atractiva para otras personas. Los seres humanos están muy sintonizados, a menudo inconscientemente, con los cambios más sutiles en la presencia física: expresiones faciales, postura, aplomo, gestos, habla, confianza, etc. Cuando esa luz amorosa y radiante comienza a emanar de ti, *¡la gente lo nota!*

Para algunas personas, al principio puede resultar un poco lento. Decir las palabras puede parecer poco sincero, y está bien. Sigue esforzándote. *Funcionará. Cambiarás.* Una mayor cantidad de amor fluirá a través de ti y emanará de ti.

En segundo lugar, el uso del diálogo interno con café para sentir un amor profundo por ti mismo hace que tus sueños sean más fáciles de alcanzar porque comienzas a creer en ti verdaderamente. Hace que tu vida sea más fácil de vivir porque no estás tan estresado y te vuelves tenaz. Sin mencionar que es más divertido estar contigo. No subestimes el poder que tiene tu amor propio para hacer realidad tus sueños.

El punto clave es que es importante amarte a ti mismo tal y como eres, *ahora*, al mismo tiempo que diriges tu cerebro hacia el nuevo tú en el que te estás convirtiendo. Por ejemplo, no esperes a perder ese peso extra que no te gusta para amarte a ti mismo; más bien, debes amarte a ti mismo como eres ahora y luego observar cómo el peso se desprende sin esfuerzo, como resultado de tener la nueva identidad propia de una persona más delgada.

¿Por qué funciona esto? Es simple. Cuando te amas a ti mismo como eres ahora, tomas decisiones para apoyar ese amor por tu cuerpo. Y esas elecciones son fáciles; no son estresantes ni quejumbrosas. Por ejemplo, al amar tu cuerpo ahora, tal vez elijas alimentos más saludables, o porciones más pequeñas, *sin siquiera darte cuenta*... tu subconsciente hace todo el trabajo. Una persona que ama su cuerpo no abusa de él con regularidad. Cuando cambias tu diálogo interno, tu comportamiento cambia. O piensa en esto... tal vez optes por esa rebanada de pecaminoso pastel de chocolate, porque, sí, te amas y vas a disfrutarlo. Te amarás todo el tiempo comiéndolo, con cada bocado, saboreándolo, y *no hay culpa*. ¡Eso también es poderoso!

El primer ejemplo es obvio; eliges alimentos saludables y esto te ayuda a estar más saludable. El segundo ejemplo, el pastel pecaminoso, es menos obvio. Significa tener tanta alegría y amor por ti mismo que no hay pensamientos de culpa, no hay hormonas de estrés, no hay negatividad, y tu cuerpo asimila la comida con amor y salud. Por supuesto, no estoy sugiriendo que comamos pastel todos los días porque nos amamos muchísimo, pero, verás, eso nunca sucedería de todos modos debido al primer ejemplo. Nos amamos a nosotros mismos, y cambia nuestro comportamiento para elegir mejor, y cuando elegimos mejor, vivimos mejor. Comer pastel todos los días sería incompatible con tu identidad de amor propio y no tendrías la necesidad de hacer algo que sea perjudicial para ti.

¡Pero eso no es todo! El amor diario y la aceptación de ti mismo también *te llenan de salud*. Tus células se vuelven felices y deslumbrantes, y las proteínas y hormonas recorren tu cuerpo, ayudándote a estar saludable, reduciendo la inflamación y reconstruyéndote para un futuro fuerte. Cuando tu autoestima aumenta y tu amor propio se dispara, ambos resultados de tus diálogos internos con café, tu peso puede comenzar a bajar sin siquiera cambiar tus hábitos alimenticios o cambiar tu rutina de acondicionamiento físico, ¡solo a través de cambios metabólicos! Es extraño, pero el cerebro tiene la capacidad de hacer realidad las cosas, especialmente cuando se trata de tu cuerpo, metabolismo, expresión genética, inmunidad y salud en general.

Aquí tienes otro ejemplo: no esperes encontrar a alguien que te ame antes de *amarte a ti mismo*. Cuando te ames a ti mismo, verás cómo alguien maravilloso llega a tu vida, como por arte de magia. Esto se debe a los principios de la ley de atracción. Las personas amorosas se sienten atraídas por otras personas amorosas. Cuando emites la energía adecuada, los demás se darán cuenta y les parecerá irresistible.

Otro ejemplo: no esperes a que suceda una crisis que te impulse a mejorar tu vida o rehacerla. En cambio, te sentirás agradecido por cada aliento que tomes ahora, amándote y apreciándote a ti mismo y a tu vida, tal como eres hoy. Si llevas una vida decente, sin quejas graves, no esperes a que suceda algo malo para actuar. ¡Cava tu pozo antes de tener sed! ¡El diálogo interno con café es la forma de hacerlo ahora!

No hay excusa para no empezar de inmediato. Te recomiendo vivir con esta regla en mente:

Amarte a ti mismo es un prerrequisito para lograr que tus sueños se manifiesten.

Si quieres prosperar, si quieres sentirte increíble y hermoso y lleno de energía, y si quieres vivir tu vida con más facilidad, entonces comienza a amarte a ti mismo. Hoy. Usando el diálogo interno con café.

Algo asombroso sucede cuando nos amamos a nosotros mismos. Todo se ilumina, brilla, se vuelve más liviano, pero más fuerte. Un peso invisible se nos quita de encima cuando nos damos permiso para hacer lo que es nuestro derecho inalienable: amarnos a nosotros mismos. Nos sentimos mejor al instante, sin importar lo que suceda en la vida. ¿Una ruptura? ¿Una pandemia? ¿Un despido? ¿Un engaño hiriente? Está bien, porque amarte a ti mismo te hace sentir completo. Amarte a ti mismo te hace sentir digno. Cuando te sientes completo y digno, eres absolutamente ilimitado. Imparable. Eres adorable, digno y maravilloso.

Si comenzamos por amarnos a nosotros mismos, creamos una energía, una maravillosa y suave vibración. Te rodea y se extiende más allá de ti. Se convierte en el suelo rico en nutrientes que produce las semillas del diálogo interno que siembras. El amor propio hace que tu diálogo interno sea más poderoso. Atrae a las personas, las oportunidades y las circunstancias adecuadas a tu vida.

Al principio, amarte a ti mismo puede parecer difícil. Pero ahí es donde entra en juego el diálogo interno con café y te guía. Mientras haces tu diálogo interno diario, te estás animando, cambiando el cableado en tu cerebro y, a su vez, comenzando a amarte a ti mismo. Puede que no te sientas así la primera vez que te sientes a leer tu diálogo interno con café, pero después de un par de veces, el proceso comenzará a echar raíces. Plantaste semillas, las regaste y las nutriste por medio de la repetición, y los brotes echaron raíces. Pronto, comenzarás a notar que tu vida parece mejorar cada vez más y que tus posibilidades y oportunidades crecen exponencialmente.

Beneficio #3: Diálogo interno con café para encontrar la felicidad

Como ya sabes, el diálogo interno aumenta enormemente tu autoestima, bienestar y entusiasmo por la vida. Y estos, a su vez, curan y mejoran tu cuerpo y tu mente. Vale la pena repetirlo, para que nunca lo olvides: el diálogo interno positivo hace que las personas sean mucho más felices.

La felicidad existe en el momento. Es importante recordarlo porque significa que puedes acceder a ella en cualquier momento que elijas. Pero cuando haces esto todo el tiempo, creas un flujo continuo de momentos felices, como un goteo intravenoso de felicidad que crea un *patrón de felicidad a largo plazo*.

Y esto crea una vida estelar en general; algunas investigaciones muestran que las personas más felices son más productivas, más útiles, más activas y agradables. También están menos estresadas. Así que sé una de las personas felices que son más resilientes, más saludables, más creativas y ganan más dinero... ¡Síííí!

Así que comencemos a ser más felices, porque tu felicidad está en tu propia mente. Depende totalmente de ti. No importa lo que esté sucediendo a tu alrededor, no importa cuáles sean tus circunstancias, no importa qué mierda te pasó cuando eras niño, o ayer en el trabajo, o hace 10 minutos. La forma en que reaccionas y avanzas depende 100% DE TI.

Beneficio #4: Diálogo interno con café para ser más resistente

Descubrirás que tu diálogo interno es un hábito saludable y «protector» porque tus emociones son más fáciles de controlar y no son perturbadas fácilmente por eventos externos o tus propios pensamientos aleatorios. Tu autoestima se vuelve demasiado fuerte para eso. Las condiciones y opiniones externas tendrán menos peso a medida que aumentes tu valor interno (tu autoestima). Cuando esto sucede, te vuelves a prueba de balas (bueno, balas metafóricas), dándote la fuerza y la resistencia para levantarte de nuevo y seguir adelante.

Esta flexibilidad, esta resistencia que tendrás, son algunos de los beneficios más importantes del diálogo interno con café. Es como si llevaras una armadura. Y estás consciente de que la llevas, de modo que obtienes el valor y la confianza para esforzarte, llegar más alto y tomar riesgos. Como tener la confianza para invitar a esa persona especial a una cita, pedir el aumento que mereces, publicar ese video en YouTube, lanzar ese negocio o mostrar tu talento sorbe un escenario. Es más, ¡incluso escribir una novela! De cualquier manera, ya no le temes al rechazo y, de hecho, estás ansioso por intentar nuevos desafíos y aprender de ellos.

Esto en definitiva aplica para mí. Como autora, amarme a mí misma desde mi diálogo interno me permite mantener el ánimo en alto a pesar de las temidas... ¡críticas de libros! ¿Sabes lo fácil que puede ser dejar que una crítica negativa de un completo extraño arruine todo tu día? Incluso cuando es solo una opinión extraña y solitaria en un mar de buenas críticas, sigue siendo horrible y puede desencadenar una pendiente resbaladiza hacia la desesperación. Pero cuando tu autoestima es alta y te amas a ti mismo, no te importan las opiniones de la gente. Estás protegido de ellos e incluso estás equipado para considerar las críticas objetivamente, sin emociones, en caso de que haya algo que pueda ayudarte a mejorar.

Beneficio #5: Diálogo interno con café para el amor, el dinero y la salud

El diálogo interno con café de verdad mejora tu vida en muchos aspectos, pero tres de los principales son:

- Amor
- Salud
- Dinero

Hablaré más de estos beneficios en los próximos capítulos, pero, por ahora, basta con decir que el diálogo interno con café puede ayudarte a encontrar el amor o una relación de por vida (ya sabes, como las de las películas) porque te ayuda a ser tu yo auténtico y *eso* te ayuda a atraer a tu alma gemela, alguien que resuene con tu verdadero yo.

Muchos utilizan el diálogo interno para mejorar la salud, ya sea para curarse de una enfermedad o lesión, ponerse en forma o simplemente mejorar su bienestar general (véanse los capítulos 14 a 16).

Y el diálogo interno también puede beneficiar tu cuenta bancaria, y aumentar tu riqueza y abundancia a medida que aumenta tu confianza y creatividad (véase el capítulo 17). Ves más oportunidades y puertas que se abren. También te hace gastar de manera más sabia, enfocándote en lo que realmente te hace feliz.

Beneficio #6: Diálogo interno con café para que tus sueños se manifiesten más rápido

La razón por la que soy militante de convertir mi diálogo interno en un hábito diario es porque, cuando decidí convertirme en una *Millonaria Sexy y Feliz*, tenía la intención de manifestarlo lo antes posible. Y nada hace que las cosas sucedan más rápido que el progreso diario y constante. (En mi sitio web, kristens raw.com, comparto cómo llegué a esta decisión y cómo pienso lograrla, así como mi crecimiento, éxitos y contratiempos en el camino).

El diálogo interno es un componente vital para manifestar mi destino de Millonaria *Sexy* y Feliz. Es una de mis herramientas para mantener mi actitud y mi autoestima estimuladas. Me mantiene avanzando como un tren de carga. Todos. Los. Días. Como he aprendido a lo largo de mi viaje de Millonaria *Sexy* y Feliz, y como compartiré un poco más adelante, un componente crítico de la ley de atracción (y la manifestación de los sueños) es mantener emociones elevadas durante todo el día, y nada de lo que he hecho facilita esto más que los diálogos internos con café.

El mero hecho de pensar en la maravillosa vida de ensueño que deseas y en los objetivos para llegar allí no es la forma más rápida de hacer que todo suceda. Resulta que el simple hecho de tener una lista de deseos te pone en el camino lento hacia la abundancia. No es un callejón sin salida, pero tampoco es un viaje en cohete.

La magia ocurre cuando combinas esas ideas, metas y ambiciones de vida con *emociones elevadas*: aquellas que te hacen sentir ilimitado, emocionado y lleno de amor. Es esta unión entre las partes *pensantes* y *sensibles* de tu cerebro la que crea coherencia entre tus pensamientos y acciones, elimina todas las barreras de mierda (como la duda) y te coloca en un automóvil de Fórmula Uno, avanzando a toda velocidad hacia tu futura vida legendaria.

Cuando tu corazón está lleno de estas emociones, no hay lugar para el miedo. Imagínate cómo se sentiría tu vida si no sintieras *miedo*. Yo solía estar llena de temores. Ahora, prácticamente se han ido. La diferencia entre mi vida de entonces y la de ahora es absolutamente asombrosa y no pienso volver atrás.

Beneficio #7: El diálogo interno con café crea un nuevo y mágico tú

Imagínate a ti mismo manifestando tus sueños, sintiéndote feliz y confiado. ¿Qué tan maravilloso sería eso? ¿Qué tan diferente sería tu vida si sintieras que la vives sonriendo, en lugar de arrastrar los pies penosamente? ¿Cuánto más lograrías cada día, cada semana o cada mes si tuvieras más energía, entusiasmo y confianza? Piensa en todas esas cosas, porque están a punto de suceder con tu nuevo programa de diálogo interno con café, como un fénix que se levanta de las cenizas.

Las afirmaciones positivas y los pensamientos que dices y piensas son órdenes para tu subconsciente. Son un modelo para tu cerebro. A medida que llenas tu cabeza con estos pensamientos, se convierten en hábitos, tomas nuevas decisiones y creas una increíble versión nueva y mágica de ti: ¡un tú diseñado por ti!

¿Alguna vez has deseado ser más de cierta manera? ¿Te preguntas cómo sería si fueras una persona más valiente, divertida o creativa? ¿Deseas escribir mejor? ¿Quieres perder peso? ¿Quieres relajarte más y bajar tus niveles de ansiedad? Bueno, puedes cambiar tu personalidad y actitud con un diálogo interno regular diseñado específicamente para convertirte en la persona con la que sueñas ser.

Realmente funciona. Soy una prueba viviente, al igual que los millones de personas que lo hacen. El diálogo interno con café me ha hecho más feliz. Me ha convertido en una mejor escritora. Me ha motivado a ir al gimnasio los días en los que no creía que quería ir. Me ha convertido en una mejor madre. Me ha convertido en una esposa más romántica. La lista continúa y tú también puedes experimentar los mismos resultados.

Beneficio #8: Diálogo interno con café para tener más confianza

Mi propio diálogo interno me ha hecho más segura de mí misma en un grado tan saludable que ahora hablo fácilmente con extraños y entablo conversaciones con más comodidad que nunca. Incluso en Italia, donde todavía no hablo muy bien el idioma, me acerco a la gente sin miedo a cometer errores o a ser malinterpretada. Esto no solo me ayuda a aprender más (italiano, en mi caso), sino que también me abre muchas nuevas oportunidades. A veces aprendo cosas nuevas o conozco personas que resuelven un problema inmediato en mi propia vida, o me beneficio de una red completamente nueva de personas a partir de una sola conversación con un extraño. O descubro una forma de ayudarlos con algo, o tal vez simplemente hago un nuevo amigo. Siempre es una victoria.

El diálogo interno con café también me permite amarme a mí misma a pesar del estrés y la ansiedad, ya que crea al instante un lugar seguro para mí. Cuando solía escribir una publicación en un blog o publicar un libro, en lugar de sentir alegría por mi logro, la ansiedad formaba gran parte de mi experiencia. Porque, una vez que mi contenido escrito quedaba a disposición de los demás, me sentía vulnerable. Me preguntaba cómo lo recibirían. Revisaba constantemente las redes sociales con los ojos entrecerrados... ¿Le habrá gustado a la gente?

¡Al diablo con eso! Ahora, comparto mi arte con el mundo con valentía, alegría y entusiasmo. He condicionado a mi mente para saber que soy una escritora prolífica con algo que ofrecer. Y que eso proviene de una fuente ilimitada de creatividad. Puedo seguir creando sin parar, porque no hay falta de creatividad; me repito eso tenazmente, ¡y funciona!

Ya no me preocupan las reacciones de la gente. A algunas personas les gustará y a otras no. Las personas a las que les gusta son mi audiencia; y a los que no, no lo son. Por mi parte, me estoy divirtiendo tanto escribiendo y compartiendo que estoy emocionada y ansiosa por seguir haciéndolo.

Una vez que te has reprogramado para tener confianza, ya no piensas conscientemente en ello. Se convierte en tu «nueva normalidad», tu nueva forma de ser. Aquí es cuando el verdadero dominio y el poder están al alcance de tu mano. Tu modo de pensar predeterminado se convierte en uno de flexibilidad y confianza. Como una palmera en una tormenta tropical, permanece enraizada, doblándose sin esfuerzo con el viento, bailando, hasta que pasa la tempestad. Esto te permite manejar cualquier situación y resistir el miedo. Es épico. Lo cambia todo.

Beneficio #9: Diálogo interno con café para asegurar el futuro

El diálogo interno con café también te prepara para el futuro. Cuando aumenta tu confianza y experimentas los sentimientos que acompañan a este cambio, minimizas los efectos de las conmociones y el estrés de los eventos futuros. La confianza engendra éxito y el éxito engendra confianza en un círculo virtuoso. El diálogo interno con café pone en marcha ese ciclo. Comienza a construir tu armadura a prueba de balas de inmediato. Pero si sigues haciéndolo por un tiempo, te volverás tan resistente que será como si estuvieras hecho a prueba de bombas.

Todo esto con simples declaraciones que te dices a ti mismo. Palabras. Tus palabras.

En este libro, aprenderás a preparar tu propio diálogo interno con café para que puedas aprovechar todos estos increíbles beneficios. Te daré algunas ideas sobre qué decir en tu diálogo interno, incluidas las mejoras únicas que uso personalmente para que mi ritual diario sea aún más efectivo que tan solo el acto de decir las palabras. Te prometo que, si te tomas el tiempo de sentarte y disfrutar de una taza de café, leer tu diálogo interno y perseverar, tendrás una vida increíble.

Se necesita muy poco para tener una vida feliz.
Todo lo que necesitas está dentro de ti,
en tu manera de pensar.

—Marco Aurelio

Capítulo 4

LA CIENCIA DETRÁS DE LA MAGIA
DEL DIÁLOGO INTERNO

La mente y el cuerpo son uno solo. Todos tenemos mucho más control
sobre nuestra salud y nuestro bienestar del que creemos tener.

—ELLEN LANGER, psicóloga de Harvard,
«La Madre del *Mindfulness*»

El diálogo interno en verdad cambia la estructura física de tu cerebro. Los cerebros humanos son *neuroplásticos*, lo que simplemente significa que pueden cambiar de manera drástica, sin importar la edad que tengas. Así es como aprendemos nuevas habilidades, como tocar el piano o el tiro con arco, aprender un nuevo idioma o, en mi caso, a escribir ficción.

Pero también significa que nuestros patrones de pensamiento pueden cambiar, como la forma en que miramos el mundo o respondemos a las cosas que suceden. Los neurocientíficos han confirmado que nuestros cerebros siguen siendo superflexibles y que puedes construir nuevas vías neuronales. ¡Cuando aprendes cosas nuevas, las células de tu cerebro (llamadas neuronas) actúan! Tú eres el director, ellas son el elenco. Eres el general. Ellas son las soldados bajo tu mando; hacen lo que les ordenes.

Esto es importante porque así es como el diálogo interno con café te ayudará a destrabarte y avanzar en la dirección correcta para amar tu vida mágica y atraer los deseos de tu corazón. Porque tú, *¡y solo tú!*, determinas lo que se arraiga (o no) dentro de tu mente, basándote en lo que estás pensando y sintiendo en cada momento. El diálogo interno con café te da ese control.

Dispara y conecta: la mentalidad incorporada

Cuando haces algo o sientes algo repetidamente, se convierte en algo inherente a tu forma de pensar. Más específicamente, tus células cerebrales se «disparan y conectan» con los pensamientos que tienes. Esto significa que se activan disparando con un cierto patrón de pensamiento, y cada vez que se disparan juntas, debido a la repetición de este patrón, las neuronas comienzan a «conectarse entre sí».

En cuanto más sucede esto, o más emoción acompaña a este cableado, más fuerte es la conexión. Si haces esto suficientes veces, el patrón se arraigará profundamente, como si los cables fueran más gruesos y fuertes. Esto esencialmente cambia la estructura de tu cerebro. También te convierte en *quien eres*, te da tu personalidad.

Si prestas atención a este proceso, puedes controlarlo. Puedes hacerlo en cualquier momento que elijas. Nuevos patrones de pensamiento, creencias, comportamientos, hábitos... si los haces repetidamente, se dispararán y conectarán para crear una nueva vida, cuando tú lo desees. Tú tienes el control y todo proviene de tus pensamientos, comportamientos y sentimientos. ¿Nuevo pensamiento? ¡Nuevo tú!

Cuanto más se disparan juntas las neuronas en un patrón, con mayor fuerza se conectan entre sí. Cuanto más fuertes son las conexiones, más pronunciados son. Y cuanto más difíciles son de desmantelar, más resistentes y permanentes se vuelven. Eso es bueno cuando se conectan cosas buenas. Y, claro, malo cuando se conectan cosas malas, como hábitos perjudiciales o creencias negativas sobre uno mismo o el mundo, que pueden ni siquiera ser verdad. Pero una vez que reconoces estas conexiones, PUEDES cambiarlas.

Por qué este superpoder
es de suma importancia

La capacidad de reconfigurar tu cerebro es importante porque así es como te conviertes en un nuevo yo. Así es como creas tu vida legendaria y experimentas la felicidad y la alegría por defecto. En otras palabras, esto se convierte en tu *nueva norma*. Significa que no esperas a que suceda algo en el exterior para sentirte bien, porque tienes la receta y los ingredientes para el cambio dentro de ti en todo momento. Este es nuestro superpoder, ¡y cualquiera puede hacerlo!

El diálogo interno con café me ayudó a reprogramar mi cerebro para el éxito, y hará lo mismo por ti. En lugar de despertarme cansada, aturdida o desconcentrada, ¡ahora salto de la cama con una fuerza que me proyecta con entusiasmo hacia un nuevo día! Cuando miro hacia atrás, a las mañanas de mi pasado, son tan diferentes a mi experiencia ahora. Incluso durante la época de la pandemia del coronavirus mis días estuvieron llenos de alegría y propósito. Esas condiciones, aunque desarraigaron mi vida temporalmente, no lograron afectar la dicha que provenía de una profunda reserva dentro de mí.

No me cansaré de decirlo: con la mentalidad, las palabras y los pensamientos correctos, tú también puedes acceder a una fuente de alegría, sin importar lo que suceda a tu alrededor.

«Tijeras de podar»: una herramienta que tu cerebro usa para ayudarte

Lo genial es que, a medida que se disparan y conectan tus nuevos patrones de pensamiento increíbles, con el tiempo el cableado antiguo se marchita porque lo estás utilizando menos. Esas conexiones en tu cerebro literalmente se atrofian por el desuso, al igual que los músculos. Como dice el viejo refrán, «cosa ida, cosa perdida».

En otras palabras, cuantas más cosas buenas digas y pienses, más cambiará tu cerebro para respaldar esas cosas, mientras se deshace de las viejas conexiones no utilizadas. Cuando esto sucede en el cerebro, los neurocientíficos lo llaman una «poda», que es una metáfora maravillosa... imagina toda esa basura vieja y mala que se poda, como las ramas muertas o débiles de un árbol, proporcionando más nutrientes y energía a las ramas sanas. ¡A podar se ha dicho!

Esto es genial cuando reprogramas tu subconsciente para tu vida legendaria, porque una vez que tu nuevo cableado sea fuerte debido a la repetición, será muy difícil (o imposible) que los viejos patrones negativos vuelvan a aparecer. Con el tiempo, siempre y cuando sigas con tu diálogo interno positivo, no debes temer reincidir en tu antiguo yo. Esa hermosa mariposa en la que te has convertido ha pasado por una metamorfosis unidireccional, por lo que no hay vuelta atrás, no volverás a ser una oruga nunca más. Incluso si aparecen viejos detonantes de la nada, ya no tendrán poder sobre ti. Toda esa porquería que te limitaba (creencias, ideas, pensamientos, etc.), eventualmente se calla y deja de molestarte. Qué alivio, ¿no?

Mientras esto sucede, tu cerebro comienza a desmantelar ese viejo cableado defectuoso para reutilizar esos bloques de construcción para los asombrosos, nuevos y activos circuitos que estás creando. ¡El nuevo tú! Entonces, a medida que aprendes cosas nuevas, estás cambiando la persona que eres, porque tu cerebro está constantemente desmantelando lo viejo y creando lo nuevo, en tiempo real. Obtienes lo que repites. No es «eres lo que comes», sino «¡eres lo que *piensas*!».

Imagina si tuvieras un cerebro radicalmente distinto al que tienes ahora

La neurociencia muestra que tu cerebro puede cambiar física y químicamente con cada nuevo pensamiento que piensas, emoción que sientes y experiencia que tienes. Pueden ocurrir grandes transformaciones en solo unas pocas semanas, ¡sin importar tu edad o circunstancias!

Aquí tienes un ejemplo. Cuando pienso en grandes pensamientos y siento emociones elevadas (amor, asombro, gratitud, etc.), estoy disparando y conectando cosas buenas. Esto puede ser tan simple como pensar en mi esposo y mi hija, sentir amor por ellos. O pensar en la comida que puedo comer y sentir gratitud. O mirar con asombro las montañas o el océano y sentir asombro. O acurrucarme con mi perro y sentir paz. O asimilar mi propio poder, consciente de que soy capaz y asombrosa. O pensar con ilusión en el futuro que estoy diseñando y sentir que no hay límites para lo que puedo lograr.

Todos estos momentos de sentir emociones elevadas están codificando y configurando mi cerebro para el éxito, el amor y todo lo bueno. Este «cableado» es como una actualización para tu cerebro. Además, mientras hago esto, ya *no* ejecuto mi antiguo circuito basado en el miedo (creado en mi infancia), por lo que este comienza a marchitarse con el tiempo. ¡Genial!

Pero no solo se trata de tu cerebro

Hasta ahora, he estado enfatizando cómo el diálogo interno reconfigura tu cerebro. Pero va más allá de esto, porque tu cerebro controla gran parte de lo que sucede en tu cuerpo. De hecho, tu cerebro puede literalmente *cambiar* tu cuerpo. ¡Esto significa que el diálogo interno también puede cambiar tu cuerpo!

¿Sabías que hay investigaciones que demuestran que lo que piensas puede cambiar tu cuerpo físicamente sin realmente hacer algo físico? Así de poderosas son nuestras mentes. Han realizado estudios en los que las personas se imaginan a sí mismas flexionando un músculo y logran *ganancias de fuerza física reales*, ¡sin haber levantado un dedo! ¿¡Qué!? ¡Sí! ¡Alucinante! ¿Quién necesita un gimnasio cuando puedes acceder a la matriz de tu mente y ponerte en forma? Jeje.

Pero en serio, lo que los sujetos de este estudio hicieron fue activar vías en sus cerebros relacionadas con el movimiento, por lo que sus cerebros pensaban que se estaban moviendo físicamente incluso si no era así. Por medio de resonancias magnéticas, se pueden obtener imágenes de lo que estaba sucediendo dentro de su cerebro, y las imágenes mostraban la misma actividad, independientemente de que los músculos levantaran peso real o no. ¡Esto es fenomenal!

Te doy un ejemplo increíble de lo poderosa que es la mente. En su libro, *El placebo eres tú*, el Dr. Joe Dispenza comparte un ejemplo de cómo la mente puede cambiar la reacción del cuerpo a una sustancia alérgica. En Japón, hubo un estudio con 13 niños que eran hipersensibles a una planta con efectos similares a la hiedra venenosa. Los investigadores acercaron hojas de un árbol que era inofensivo a los brazos de los estudiantes, pero los investigadores les dijeron a los niños que estas hojas eran en realidad hojas venenosas. Como resultado, los 13 brazos tocados con las hojas inofensivas mostraron una reacción cutánea a pesar de que las hojas *no* eran venenosas. *¡Pero los chicos creían que sí!*

Luego, los investigadores tocaron a los niños en el brazo opuesto *con hojas venenosas*, pero esta vez, les dijeron que estas hojas eran inofensivas. Esta vez, solo dos de los 13 niños tocados con las hojas venenosas tuvieron una reacción alérgica. Los otros 11 no tuvieron reacción alguna porque pensaron que las hojas eran inofensivas.

¡Increíble! Esa la clase de poder que todos tenemos en nuestra propia mente.

Multiplica para amplificar

Ya sea que tus pensamientos sean buenos o malos, cuando los repites cobran impulso y fuerza. Por lo tanto, «multiplica para amplificar». Debido a que la repetición es igualmente efectiva para amplificar tanto los pensamientos buenos como los malos, ¡asegúrate de elegir los BUENOS!

Cada vez que repetimos las buenas palabras, su valor emocional se vuelve mayor, creando sentimientos más poderosos detrás de ellas. Cuando esto sucede, más vale estar atentos, porque... ¡Bam! El cerebro y el cuerpo se ponen en acción para crear una nueva y luminosa realidad.

Tus pensamientos funcionan como un interés compuesto para manifestar tu nueva vida. Los efectos se multiplican a medida que los repites. Por lo tanto, debes ser inteligente y elegir sabiamente cada pensamiento que circule por tu cabeza (y cada sentimiento que circule por tu cuerpo), porque cada uno importa. (De hecho, tus pensamientos de diálogo interno literalmente *se convierten en materia*).

Si eres una persona que se queja y se queja, no te estás ayudando. En absoluto. Si te despiertas sintiendo que estás bajo una montaña de cosas por hacer, deudas o circunstancias aparentemente sofocantes, es hora de no solo cambiar tu perspectiva (te daré algunos trucos para esto más adelante), sino de silenciar esos pensamientos; ni siquiera debes darles la oportunidad de hacer acto de presencia. Deja de vivir bajo un manto de oscuridad. ¡Si lo haces, estás desperdiciando tu vida!

Esos pensamientos son afirmaciones negativas, y cada vez que piensas o dices uno de ellos, esas malas vías en tu cerebro se vuelven más fuertes. Se les llama afirmaciones porque eso es lo que hacen: ¡afirman algo como si fuera verdad! Por lo tanto, desplazaremos a la charlatanería negativa con nuestra poderosa conversación positiva y nuestras *técnicas de perspectiva alternativa* (TPA – capítulo 10). Ya verás que, como resultado, se producen cambios reales.

El optimismo perpetuo
es un multiplicador de fuerza.

—COLIN POWELL

Nuestras creencias pueden curarnos, mental y físicamente. Pero también pueden dañarnos. Si eres la clase de persona que dice: «Siempre me da gripe en estas fechas». ¿Adivina qué? Estás creando el entorno para que esa afirmación sea cierta con la mayor frecuencia posible. (Este es un tema candente actualmente en la investigación científica. De hecho, existe un campo completo llamado psiconeuroinmunología, que estudia las vías químicas que utiliza nuestro cerebro para modificar nuestro sistema inmunológico, haciéndonos más o menos resistentes a las enfermedades. Esto no es magia oscura ni vudú… son neurotransmisores, hormonas y epigenética).

Nuestras palabras son extremadamente poderosas. Nuestros cerebros neuroplásticos hacen que todo esto posible porque tienen la capacidad de cambiar. Tu mente, y por lo tanto, tu personalidad y tu realidad, no son estáticas. Pero lo realmente sorprendente es la rapidez con la que se pueden producir los cambios. Tu cerebro puede cambiar en un segundo, con un solo pensamiento, y así, puedes cambiar la dirección de tu vida de manera instantánea. El diálogo interno con café, si se realiza de forma regular, creará una mentalidad saludable que es automática, sin esfuerzo y dulce como la miel. Esa gran actitud se convertirá en algo habitual, ¡como una habilidad increíble!

Estoy segura de que has escuchado viejos dichos como, «la gente no cambia» o «no puedes enseñarle trucos nuevos a un perro viejo». Bueno, por lo general estos son ciertos, en el sentido de que la mayoría de las personas *no saben* que pueden cambiar, por lo que ni siquiera lo intentan. Pero estrictamente hablando, estas afirmaciones son completamente falsas. Claro que la gente es capaz de cambiar. Tú PUEDES aprender nuevos trucos, a cualquier edad. El propio Dr. Helmstetter tomó un arco y una flecha por primera vez a sus 70 años. Ahora es un arquero exitoso con habilidad de nivel olímpico. ¡Eso es neuroplasticidad!

Entonces, en las condiciones adecuadas, cualquiera puede cambiar. Y lo mejor de todo es que puedes empezar de inmediato.

La mente lo es todo.
Te conviertes en lo que piensas.

—Buda Gautama

Capítulo 5

TU DIÁLOGO INTERNO CON CAFÉ

En este momento, tienes en tus manos un gran poder, sin importar dónde te encuentres, sin importar las circunstancias de tu vida. Siente cómo pasan páginas de tu vida en el aquí y el ahora. Es tu momento. Tienes el potencial y la autoridad para cambiar tus creencias sobre ti, hoy mismo. Tienes derecho a tomar una mejor decisión en cada momento. Se trata de los pensamientos que tienes sobre ti y el mundo. Reprograma tu cerebro de la mejor manera y obtendrá las recompensas. Ahora es tu momento.

En este capítulo, cubro los conceptos básicos para escribir tu propio diálogo interno con una taza de café desde cero. Si prefieres no escribir el tuyo propio, o si deseas utilizar ejemplos preescritos para empezar de inmediato, en la segunda parte de este libro incluí varios guiones.

Las reglas del diálogo interno con café

Regla #1: Escribe en primera persona

Siempre escribe, habla y piensa tu diálogo interno en primera persona. Por ejemplo:

«Me siento generoso con mi éxito y deseoso de compartirlo con otros».

Es necesario escribir en primera persona para convertirte tanto en el emisor y el receptor de los programas que reconfigurarán tu cerebro. Es la forma más fácil de entrar directo en tu propia cabeza y de sentirlo más rápido. Estás contando tu historia con tus palabras, con tu voz. Incluir el «yo» es esencial para un diálogo contigo mismo.

Regla #2: Escribe en tiempo presente

El segundo truco para crear un diálogo interno poderoso es escribirlo en tiempo presente. Esto crea la sensación de que ya ha sucedido o está sucediendo ahora. No mañana, no el mes que viene, no el año que viene. Haz esto incluso si lo que deseas aún no ha sucedido. Recuerda que estás haciendo esto para reprogramar tu cerebro. Quieres que tu cerebro comience a actuar como si lo que quieres ya se hubiera hecho realidad. No querrás darle a tu cerebro ninguna excusa para posponer las cosas hasta «más tarde».

Por lo tanto, escribe y habla contigo mismo como si no hubiera tiempo entre lo que dices y cuando suceda. No hay espacio entre tú y tus logros y sentirte bien.

Las cosas que escribas en tu diálogo interno con café variarán desde los logros que te ves haciendo, las formas de hacer que sucedan, hasta cómo te hace sentir todo. Es tu nueva verdad épica, y estás atrayendo tus deseos al afirmarlo todo de manera positiva.

Prepara tu varita mágica

Una excelente manera de hacer una lluvia de ideas sobre cómo escribir tu propio guion de diálogo interno con café, es comenzar pensando en tu vida actual y en la vida que deseas. Si pudieras usar una varita mágica y hacer cambios en ti mismo o en tu vida, ¿qué harías?

¿Quieres un mejor trabajo? ¿Encontrar el amor? ¿Deseas tener más confianza? ¿Quieres curarte de una enfermedad o lesión? ¿Quieres perder peso o encontrar la motivación para hacer ejercicio? ¿Quieres que te guste el ejercicio? ¿Quieres empezar un buen hábito como la meditación? ¿Quieres romper un mal hábito como el consumo excesivo de azúcar? ¿Desearías ser más divertido? ¿Más rico? ¿Más feliz? ¿Más creativo?

Piensa en lo que quieres, en quién quieres convertirte, cómo quieres vivir y cómo quieres sentirte.

Plantéate las siguientes preguntas:

- ¿Cuáles son todas las cosas que expanden mi energía?
- ¿Cómo puedo tener más de esas cosas en mi vida?
- ¿Cuáles tres cosas o personas me traen pura alegría?
- ¿Cuál es mi pasatiempo favorito?
- ¿Dónde está mi lugar favorito para vacacionar?
- ¿De qué quiero más?
- ¿De qué quiero menos?
- ¿Qué quiero que no tenga ahora?
- ¿Cómo me hará sentir tener las cosas que quiero?

Escribe todo lo que se te ocurra. Luego, toma esos sueños y escríbelos en frases y declaraciones afirmativas usando palabras como «Amo _____» y «Soy _____» y «Me siento _____», etc. (Puedes encontrar más ejemplos en los guiones a continuación).

El proceso diario del diálogo
interno con café

Una vez que hayas escrito tu diálogo interno (o hayas seleccionado uno de los guiones proporcionados), lo leerás para ti mismo (de preferencia en voz alta) todas las mañanas, mientras tomas tu taza de café.

Una vez más, puede resultar extraño hablar contigo mismo y sobre ti mismo al principio, pero no te preocupes, prometo que rápidamente se volverá superfácil y divertido. Pronto te acostumbrarás al sonido de hablar contigo mismo, sobre ti mismo. De hecho, se volverá tan normal que pronto ya *no* tolerarás un mal pensamiento o una mala palabra sobre ti. Te sorprenderá lo mal que se siente, como si arañaras un pizarrón.

Cuanto más hables en voz alta, será más fácil llevar a cabo tu diálogo interno. Se vuelve divertido y natural, y lo esperarás con ansias. Lo anhelarás como anhelas tu café. A medida que alimentas tu cerebro y tu mente con nutrientes mentales supercargados, es posible que incluso comiences a sentir un hormigueo, un brillo y te sientas muy bien. Si tienes algún momento de duda o sentimientos extraños, simplemente observa el pensamiento y di: «Gracias por tu visita, pensamiento. Hasta la vista». ¡Y luego, sigue adelante, porque así es como podrás ganar!

Empieza ahora mismo: guion sencillo
para principiantes

A continuación, se muestran dos ejemplos de un guion de diálogo interno con café general y no específico. En este primer ejemplo, comenzaré con palabras amables y efectivas. Puedes escribir esto en tu propia aplicación de notas o en cualquier otro lugar, como Evernote o un diario físico.

Más adelante, elevaremos el siguiente guion a palabras más intensas e impactantes, pero este ejemplo más ligero te dará algunas ideas para comenzar si eres totalmente nuevo en este tema del amor propio y técnicas para aumentar tu autoestima.

Soy una buena persona.

Me gusta el día de hoy.

Siento motivación y entusiasmo porque me cuido.

Amo mi vida.

Amo mi vida porque tiene dirección y significado.

Hoy tendré un buen día porque estoy listo.

Mis ingresos están aumentando y vienen puras cosas buenas.

Bendigo todo en mi vida en este momento. Mi café, mi silla, mi casa, mi vida.

Me gusta sentirme bien.

Me apruebo porque soy realmente genial.

Amo el poder que tengo para sentirme bien con simples palabras.

Puedo lograr lo que me proponga porque persevero.

Elijo sentirme bien conmigo mismo porque valgo la pena.

Abrazo mi propio poder.

Siempre tengo el poder de elegir.

Tengo salud y riqueza.

Tengo tiempo para todo lo que quiera hacer hoy.

Me siento increíble.

Tengo una actitud genial.

Hoy es un día espléndido.

Hoy, me quiero tal y como soy.

Estoy aprovechando los buenos sentimientos en este momento porque esa es la clave del éxito.

Esto es divertido y estoy listo para empezar el día.

La vida está repleta de oportunidades y yo estoy abierto a ellas.

Mi cuerpo y mente están sanos y llenos de vitalidad.

Me siento muy bien en este momento porque amo mi vida.

¿Te sientes tonto haciendo esto?

Seré honesta, la primera vez que hice esto, me sentí como una *nerd*... pero solo por un minuto. Luego, pensé en todas las personas ridículamente exitosas que hacen cosas similares. Usar el diálogo interno no es nuevo y hay legiones de personas que lo usan para alcanzar logros importantes, ganar toneladas de dinero, curarse de enfermedades, lograr una buena condición física y vivir vidas increíbles.

Yo también quería un poco de eso, y al darme cuenta de que esta es una de las formas en que puedes transformarte y llevar la vida a nuevas alturas, no lo dudé más. Me quité las gafas de *nerd* metafóricas y me puse mi capa de superhéroe. ¡Que empiece el juego!

Lo interesante fue ver cómo mis guiones de diálogo interno con café evolucionaron con el tiempo. Al principio, mis guiones se parecían mucho al guion que acabas de leer. Ahora, sin embargo, me animo tanto que casi siento que estoy levitando cuando lo leo. *De verdad* me gusta y me involucro mucho en las palabras.

Ahora es tu turno

La primera vez que te sientes a leer el guion de tu diálogo interno con café, es posible que solo te lleve un minuto completarlo. Si esto sucede y todavía tienes café en tu taza, simplemente léelo de nuevo. Y otra vez. Y otra vez. Repítelo varias veces. Continúa hasta que termines con tu café. Luego sigue con tu día sintiéndote animado, con más confianza y con un enfoque positivo.

A medida que avances con tu diálogo interno con café, probablemente notarás que tu guion se vuelve más largo. Es muy divertido e inspirador. Es tan adictivo como la cafeína que bebes mientras lo haces. Al principio, muchas personas comienzan con conceptos básicos y generalizaciones simples. Con el tiempo, desarrollarás tu guion (o guiones) agregando detalles específicos que sean relevantes para ti, tu situación y tus objetivos.

Comenzarán a florecer nuevas ideas y descripciones en tu mente. En cuanto más pienses en la maravillosa vida que estás viviendo, más ideas te llegarán. Tendrás ideas durante momentos aleatorios del día, o pequeños destellos de entendimiento, y querrás anotarlo en tus notas para agregarlo a tu guion más tarde. ¡Asegúrate de hacer esto siempre que te llegue la inspiración!

Los detalles que agregues a tus guiones son importantes. Crean una imagen más vívida en tu cabeza y la vuelven muy clara. Por ejemplo, puedes agregar algunas líneas adaptadas a hábitos alimenticios saludables. Puedes agregar una línea sobre la abundancia que sientes en tu vida y cómo ha cambiado tu perspectiva o las decisiones que tomas. Puedes agregar parte de la letra empoderadora de tu canción favorita que te mantenga enfocado en tu nuevo yo. O podrías escribir una línea sobre hacer algo físico todos los días, como una serie de flexiones, para mantener esa idea en tu mente en todo momento.

Con el tiempo, llegarás al punto en el que dedicarás cinco, 10 o tal vez 15 minutos al día a revisar el guion de diálogo interno con café. Este evoluciona como debería hacerlo. Mi guion es tan largo ahora que me lleva 20 minutos completarlo, dependiendo de cuán cinematográfica me ponga (les daré más detalles sobre la teatralidad un poco más adelante). Pero no me importa la cantidad específica de tiempo. Me encanta cada minuto. Me eleva.

También hay algunos días en los que solo llego a la mitad cuando me termino el café y lo retomo más tarde. Otras veces, me siento allí a empaparme de todo, deleitándome con dos tazas de café. El caso es que lo estoy haciendo. Cada. Día. Sin. Falta.

Más adelante en este libro, descubrirás más formas de mejorar tu diálogo interno con café para catapultarlo a niveles increíbles. Por ahora, el primer paso es escribir 15 declaraciones de diálogo interno fáciles y poderosas.

¡Elevemos esto! Un guion más avanzado para subir de nivel tu diálogo interno con café

El guion básico anterior es una excelente manera de comenzar. Tómalo y usa cada palabra, o efectúa cualquier cambio que resuene contigo. Tiendo a usar mucho las palabras *asombroso* y *genial* para mi propio diálogo interno con café, y mi suegro usa mucho la palabra «increíble». Elige algo que funcione para ti. También puedes hacer que tu guion sea más largo o corto... como tú lo desees. Vaya, incluso puede ser solo una declaración que repites una y otra vez. Un mantra concentrado y pequeño, pero poderoso... ¡como un diálogo interno con expreso!

Una vez que comiences, es divertido, y estarás tan emocionado con las posibilidades que comenzarás a pensar en nuevas formas de hablar de ti mismo de manera poderosa, amorosa y positiva. Empezarás a pensar y a hablar en esta nueva forma de lenguaje de forma natural. Da rienda suelta a tus palabras, pensamientos y sueños más excitantes. No seas tímido, ¡es tu momento de brillar!

Aquí está la versión aumentada, con muchas palabras poderosas:

Soy increíble porque soy una persona amable, hermosa y generosa. Amo el día de hoy porque estoy a cargo de él. ¡Hago de este día lo que quiero! Tengo un inmenso poder.

Siento inspiración en este momento, en este mismo momento, porque me estoy cuidando. Merezco este tiempo para prepararme para mi día y hacerlo el mejor día de mi vida.

Me encanta la vida. Amo mi vida. ¡Me quiero! La vida está llena de oportunidades dondequiera que mire. ¡Voy por ellas!

¡Hoy estoy teniendo un día increíble! Sonrío alegremente y me emociona todo lo que sucede hoy, hora tras hora.

Dejo ir todo miedo, ahora mismo. Asumo la responsabilidad de mi éxito, ahora y por el resto de mi vida.

Bendigo todo en mi vida ahora mismo. Mi café, mi silla, mi cama, mi familia, mis amigos, toda mi vida.

¡ME ENCANTA sentirme tan increíble! ¡¡¡Sííí!!!

El ayer está en el pasado y no estoy atado a él. Aprendo de ello y sigo adelante.

Tengo todo lo que necesito para amarme hoy, aquí y ahora. Esto crea un gran momento para mí y prepara mi futuro para más éxito.

Se abren puertas de oportunidades sensacionales a mi alrededor y me emociona muchísimo.

Amo el poder que tengo en mi vida de sentirme tan genial, tan solo con las palabras que pronuncio. Soy increíble.

Puedo lograrlo porque soy capaz, creativo y valioso. Me elijo a mí y honro quien soy.

Mi vida se vuelve más asombrosa cada día. La vida me apoya plenamente.

Me apruebo a mí mismo. Dejo ir los pensamientos y las creencias limitadas.

Todo es maravilloso hoy. Estoy maravillado por mi brillante vida, mi aprendizaje y mi crecimiento.

Tengo tiempo en abundancia para hacer todo lo que quiera hoy.

Me siento genial porque tengo salud, plenitud, belleza y vitalidad de sobra.

Hoy es un día increíble, estoy aprovechando todos esos sentimientos poderosos y jugosos en este momento. ¡Puedo sentirlos!

Esto es divertido, y me encanta sentirme tan alegre. Me siento vivaz.

Hay amor y luz en abundancia a mi alrededor. Soy una persona compasiva, amable, me amo a mí y a los demás.

No existe nada que no pueda hacer. Tengo un corazón alegre y una mente creativa. Mis pensamientos son positivos y mis sentimientos elevados. Esto crea una vida increíble para mí.

Soy brillante y me encanta aprender.

No existe nadie en el mundo como yo.

¡Soy una persona de lo más sexy!

Estoy viviendo una vida completamente nueva diseñada con creatividad por mí.

Me sobra optimismo y me apasiona mi destino.

Consejo #1: Usa la palabra «porque» para tener mayor éxito

Ejemplo: *«No tengo problema en ir al gimnasio porque sé lo bien que me hace sentir el ejercicio».*

Usar la palabra «porque» es una forma inteligente de mejorar tu diálogo interno, y esto está respaldado por estudios científicos que demuestran su poder. Cuando usas (o escuchas) la palabra «porque», es más probable que cumplas con lo que se te dice o se te pide. Las palabras que vienen después de «porque» proporcionan la razón para hacerlo. Justifican la motivación para la acción porque indican una fuerte relación causa-efecto.

Como resultado, tu cerebro presta atención cuando usas la palabra «porque» y le das más importancia al diálogo interno. Cuando asocias los resultados y el significado con tu diálogo interno, estás más convencido de que te ayudará a lograr tus objetivos de diálogo interno. Por lo tanto, prepárate para el éxito y usa la palabra «porque» a lo largo de tu guion, *porque* realmente ayudará.

Consejo #2: Despierta alegría con detalles

Ponte creativo y juega con las palabras que uses. Pueden, y deben, cambiar con el tiempo porque tu diálogo interno con café evoluciona. Cuando escribo mi diálogo interno, primero escribo lo que me viene a la mente. Luego, lo edito, retocando cada declaración hasta que me provoca alegría. Como dice Marie Kondo, autora de *La magia del orden*, sobre las posesiones: ¿El objeto (tocador, blusa, jarrón, etc.) despierta alegría? Si no es así, deshazte de él. O en el caso de escribir un diálogo interno, edítalo hasta que todo lo que quede despierte la alegría en tu interior.

Por ejemplo, quería una frase sobre el envejecimiento... *al revés*. Jugué con frases como «antienvejecimiento», «envejecimiento inverso», etc., pero pronto me di cuenta de que no quería usar la palabra «envejecimiento» de ninguna manera. No es edificante para mí, incluso con «anti» antes. Suena demasiado pesado y terapéutico. Así que continué escribiéndolo de diferentes maneras, para ver cómo las diferentes oraciones resonaban en mí. La evolución fue así: «Estoy envejeciendo al revés». «Estoy antienvejeciendo». «Mis genes de antienvejecimiento se están expresando en este momento». «Me veo y me siento joven». Hmm... esto se está acercando.

«Soy joven y hermosa». ¡Eso es! La alegría despertó. Bingo. Encontré una frase que amaba y eso provocó ese sentimiento especial en mí. Se sintió *bien*.

Pero luego, lo profundicé más. Empecé a escribir más detalles. Cuantos más detalles le diera a mi cerebro, más fácil le resultaría seguir mis instrucciones. A nuestro cerebro le encantan las palabras que evocan imágenes mentales, y si podemos presentar imágenes para la mente, entonces es más fácil para nuestro cerebro y cuerpo hacer que sucedan. Entonces, también escribí: «Mi cuerpo produce abundante colágeno y mi piel es perfecta, suave y brillante».

Al final, me gustaron ambas frases. Escribí:

Soy joven y hermosa. Mi cuerpo produce abundante colágeno, y mi piel es perfecta, suave y brillante.

Así que puedes ver cómo la idea del antienvejecimiento era algo que quería tener en mi diálogo interno con café y, al reescribirla hasta que resonaba profundamente con ella, creé una afirmación más poderosa. A nuestros cerebros les gusta la claridad, así que a medida que evoluciona tu diálogo interno con café, no dudes en usar palabras poderosas y detalles descriptivos para crear imágenes distintivas de lo que quieres exactamente.

Aquí tienes otro ejemplo. Empecé con:

Mi vida está llena de abundancia.

Eso es bueno, simple y positivo. Pero un poco vago, así que profundicé más. Empecé a imaginarme con precisión lo que significaba la «abundancia» para mí. De esa única oración, mi guion de abundancia terminó como:

> *En mi vida abunda el tiempo para hacer todo lo que quiero. Tengo una salud abundante y jugosa. Estoy llena de vitalidad y energía, y me levanto de la cama con un salto todas las mañanas. Tengo una abundancia de riqueza y me rodean las oportunidades para hacer grandes cantidades de dinero.*

Como puedes ver, aumenté la idea de abundancia simple y le di más detalles, sin dejar de mantener mi diálogo interno con café simple y al grano. ¡No hay necesidad de ser superrrebuscado, a menos que esa enunciación tenga sentido para ti! Me gusta comenzar con declaraciones fáciles y simples, y luego aumento las palabras descriptivas, sin dejar de mantener el tema claro y directo.

Lo curioso es que, una vez que comienzas a escribir o pensar en tus declaraciones de diálogo interno, puede parecer abrumador porque hay tantas cosas geniales que decir, mejorar o cambiar. Puede ser que las compuertas se abran y fluyan todo tipo de cosas increíbles e inspiradoras para decir, pensar y sentir. En un momento dado, me tomó más de 30 minutos leer el guion diario de diálogo interno con café porque estaba cubriendo mucho territorio. (Cuando comencé, mi guion general diario tomaba solo 5 minutos y poco a poco le fui agregando más tiempo. Actualmente, me toma alrededor de 20 minutos, o de 5 a 10 si tengo prisa. Los guiones que cubren temas específicos, como la escritura, solo toman unos 5 minutos).

El punto principal es que imagines la vida maravillosa que quieras y luego escribas tu diálogo interno con café para reflejar esos pensamientos, en tiempo presente, como si ya estuvieran sucediendo. Si bajan las musas del cielo y la inspiración te da para escribir una novela, no te preocupes, tan solo captura todo lo que puedas por escrito (o dictado), y ya podrás reducirlo más adelante. Cuando tu musa esté desenfrenada, ¡dale rienda suelta!

Con el tiempo, sigue agregando elementos a tu guion cada vez que te llegue la inspiración. Si hay una declaración en particular que también se sienta más cercana, repite esa declaración una y otra vez, como un mantra reluciente. Se volverá como un trance y aparecerá en tu cabeza en momentos aleatorios a lo largo del día, sacudiéndote como una pequeña corriente eléctrica de felicidad y confianza.

A veces, cuando escucho música, escucho una letra que sería una gran línea en mi diálogo interno con café, ¡así que la agrego! Sin importar cuál sea tu fuente de inspiración, sé creativo y diviértete descubriendo todas las distintas formas en que puedes decirte cosas amorosas e inspiradoras a ti mismo.

El mayor descubrimiento de mi generación
es que un ser humano puede cambiar su vida
al cambiar su actitud mental.

—WILLIAM JAMES

Capítulo 6

CÓMO LLEVAR A CABO TU DIÁLOGO INTERNO CON CAFÉ

En el capítulo anterior, hablamos de cómo escribir el guion de tu diálogo interno con café. Esa es la primera parte del proceso. Ahora, es momento de aprender cómo llevarlo a cabo.

La CLAVE de un diálogo interno con café exitoso: cuadrar tus sentimientos con tus pensamientos

Una de las formas más importantes para hacer que tu diálogo interno sea exitoso es elevar los sentimientos que acompañan a las palabras que dices. Esto es fundamental para la misión, así que profundicemos en el concepto.

Las palabras que dices (o piensas) al hablar contigo mismo *tienen poder en proporción al nivel de emoción elevada que sientes* cuando las dices o las piensas.

Déjame explicarlo de otro modo...

Las palabras que dices son tan importantes como la manera en que te sientes, y cómo te sientes es tan importante como las palabras que dices. Si las palabras son crema de cacahuate, entonces los sentimientos son la mermelada. Si las palabras son chícharos, entonces los sentimientos son zanahorias. Si las palabras son Humphrey Bogart, entonces los sentimientos son Lauren Bacall. Se necesitan dos para bailar un tango. Es un matrimonio. ¡Queremos ambos!

Para los matemáticos leyendo esto...

> Palabras positivas (tus pensamientos) +
> Emociones elevadas (tus sentimientos)
> = Una experiencia épica

¿Qué significa esto en realidad?

Imagínalo así. Puedes decir el diálogo interno: «Soy genial». Pero si no lo *sientes* con una emoción elevada, como el amor, la alegría o la gratitud, entonces no es tan significativo ni tan poderoso. Las diferentes partes de tu cerebro no están en coherencia y no se reconecta tan rápido ni atrae tus manifestaciones hacia ti con el mismo poder ni la misma velocidad.

El diálogo interno hecho con emociones bajas o neutras merece una calificación de 8. No está mal... las palabras solas seguramente son mejores que no hacer nada en absoluto, pero no está ni cerca del nivel de 10 que proviene de tener la correspondiente emoción elevada. Tus resultados serán mucho más rápidos cuando alinees tus emociones con las palabras que estás diciendo.

Nota: Para algunas personas, al principio solo les parecerá posible decir las palabras. Las emociones se sentirán demasiado extrañas o poco realistas. Si ese es el caso, no hay problema, ¡empieza solo con las palabras! Repite tu increíble diálogo interno una y otra vez, incluso si no lo estás sintiendo... todavía. Porque, con el tiempo, lo harás. Lo prometo.

Cuando dices tu diálogo interno acompañado de una emoción elevada como el amor, te sientes increíble y creas un tipo especial de energía. Sientes que puedes hacerlo todo. Te sientes poderoso y seguro. Sientes asombro. Sientes gratitud. Estos sentimientos se denominan energías de alta frecuencia y atraen cosas con la misma frecuencia, como todas las cosas maravillosas que imaginas para tu vida. Cuando dices (o lees) tu guion de diálogo interno con café y sientes sentimientos elevados al mismo tiempo, entonces tu cerebro está en mejores condiciones de simular vivir en esa realidad.

En otras palabras, no se limita a hablar de dientes para fuera. Es cierto que puedes repetir el guion una y otra vez, sin emoción alguna, y *comenzarás* a ver algunos cambios y, con el tiempo, te sentirás mejor. Esa es una consecuencia natural del diálogo interno... tu cerebro comenzará a reconectarse lentamente. Pero las conexiones neuronales tomarán proporciones similares a las de Hulk, y tendrás un éxito tremendamente más rápido si haces una pausa por un momento con cada declaración y sientes lo que estás diciendo, en tu corazón y en tu instinto; dilo con intención y propósito.

Como ya dije, porque vale la pena repetirlo una y otra vez, *no importa si la afirmación aún no es cierta*. El cerebro no sabe la diferencia. Simplemente continúa reconectándose y construye conexiones más gruesas y fuertes cuando hay emoción adjunta. Las emociones son la forma en que el cerebro aprende: «Esto es importante; ¡Debería prestar atención a esto!». Funciona de la misma manera con la codificación de memorias. Cuanto más fuerte es la emoción, más fuerte es el recuerdo.

Probemos con un ejemplo. Primero, lee la siguiente oración sin emoción alguna, como un robot:

«Hoy tendré el día más increíble de todos».

Ahora, cierra los ojos e imagina cómo se sentiría en verdad tener el día más increíble de tu vida. Siéntelo, de la cabeza a los pies. Si es necesario, tómate un momento para enfocarte en él. Y luego, mientras sigues imaginando lo increíble que sería, vuelve a decir la oración con *toda* la emoción que puedas:

«*¡Hoy tendré el día más increíble de todos!*».

¿Sientes la diferencia?

¡Claro que sí! ¡Esas son las emociones trabajando! *¡Eso* es coherencia! Y piénsalo: le dijiste a tus emociones lo que tenían que hacer, ¡y ellas obedecieron tu orden! Estás a cargo. Siempre lo estás. Solo necesitas usar el poder que ya tienes sobre esa parte de tu mente.

Ahora, concéntrate en algunas emociones igualmente empoderadas y di, en voz alta, con pasión en tu voz:

«*Tengo una vida increíble y me rodean las oportunidades. Todo lo que hago es un éxito. Tengo éxito tras éxito en mi vida*».

Eso se *sentiría* bastante bien, ¿no?

Analicemos esto un poco más. ¿Cómo se siente para ti el asombro? ¿Cómo es sentir que nada te limita? ¡Aprovecha ese sentimiento! Si aún no estás seguro, ¿qué haría falta para que sintieras asombro? Tal vez sea presenciar el nacimiento de un bebé o ver una puesta de sol desde la cima de una montaña. ¡O ver ondas bioluminiscentes, o la aurora boreal! ¿Estas cosas te llenan de asombro? Si es así, conoces el sentimiento. Ve la imagen en tu mente mientras procesas cada declaración de diálogo interno.

Tu objetivo es sentir una emoción elevada mientras repites tu diálogo interno con café. Hay muchas emociones elevadas de dónde elegir:

- Amor
- Asombro
- Inspiración
- Alegría
- Dicha
- Generosidad
- Abundancia
- Ilimitación
- Valor
- Confianza
- Gratitud
- Emoción
- Felicidad

... la lista sigue y sigue.

Cuando experimentas alguno de estos sentimientos, te sientes elevado. Puedes acceder a cualquiera de ellos mientras lees tu diálogo interno. No es necesario pasar por todos ellos. Cualquiera de esas emociones elevadas trabaja para levantar tus sentimientos, conectar tu cerebro con cables del tamaño de Hulk y hacerte sentir genial.

Otro ejemplo:

Me estoy recuperando y estoy saludable ahora mismo. ¡Me siento completo!

¿Cómo se sentiría estar completo y vibrante? Imagina cómo sería... siéntelo... *¡agárralo!* ¿Te sentirías rebosante de energía?

¿Te sentirías vivaz? ¿Te sentirías fuerte? ¿Te sentirías ágil como un leopardo? Vincula esos sentimientos a esa declaración en tu diálogo interno. ¡Bam! Tus pensamientos más tus sentimientos crean el *nuevo tú*.

Aquí hay un truco para ayudarte a aumentar los sentimientos y emociones detrás de las palabras: Elige *palabras efectivas*. Palabras de poder. Ciertas palabras son señales o son desencadenantes. Cuando se eligen con cuidado, transforman *«meh... como sea»* en *«¡guau, eso es todo!»*. Nuevamente, la emoción que sientes hará que todo suceda mucho más rápido. Siéntelo, para hacerlo real.

Aquí hay algunas palabras que desencadenan emociones superiores. Elige aquellas con las que te identifiques. Luego, infúndelas en tu diálogo interno con café.

- Alegre
- Alineado
- Asombroso
- Auténtico
- Bendecido
- Bondadoso
- Brillante
- Calmado
- Capaz
- Centrado
- Claro
- Colosal
- Contento
- Creativo
- Definitivamente
- Dinámico

- Empoderar
- Enérgico
- Enfocar
- Entusiasta
- Erguido
- Espontáneo
- Extático
- Fácil
- Feliz
- Garantizado
- Genial
- Gozoso
- Gracioso
- Honrado
- Impresionante
- Increíble
- Inspirado
- Instantáneamente
- Jubiloso
- Juguetón
- Libertad
- Luminoso
- Luz
- Maravilloso
- Mente abierta
- Natural
- Primero
- Radiante
- Reflexivo

- Relajado
- Resplandeciente
- Risa
- Seguro
- Sensacional
- Servicial
- Soleado
- Sonriente
- Tremendo
- Vibrante
- Vigoroso

Entonces, ¿le entras? Aumenta la energía con sentimientos elevados para potenciar tu diálogo interno y manifestar tus sueños más rápidamente. Y cuanto más tiempo experimentes estas emociones y sentimientos elevados, durante todo el día, tendrás más oportunidades de salud, bienestar, éxito, amor y riqueza. Es hora de reconocer la fuerza y el poder que hay dentro de ti.

**Una persona es lo que piensa
durante todo el día.**

—RALPH WALDO EMERSON

Capítulo 7

EL DIÁLOGO INTERNO CON CAFÉ DE KRISTEN

Antes de continuar, quiero compartir contigo mi propio diálogo interno con café para realmente darte una idea de hasta dónde lo llevo.

Como mencioné, me toma 20 minutos repasar todo (de 5 a 10 minutos si tengo prisa). Decir las declaraciones, digerirlas con emociones y sentimientos elevados, dejar que cada una se hunda en mis huesos, resuene por dentro e irradie hacia afuera como rayos de sol. Es un proceso hermoso y me ilumino como un árbol de Navidad. No es una mala forma de empezar el día, ¿verdad?

En este libro, no incluyo imágenes ni emojis (pero los uso mucho, y hablaré más al respecto en el próximo capítulo). Aquí verás las palabras que uso. Notarás que hay mucha repetición. Eso es deliberado, ya que la repetición es otra forma poderosa de hacer que el cerebro recuerde, con más disparos y conexiones. A veces digo exactamente lo mismo de la misma manera. Otras veces, digo las cosas de una manera nueva y diferente.

Repetir: La repetición es poderosa. Úsala.

Así que, sin más preámbulos… bienvenido a mi pequeño mundo interior. Toma una silla y disfruta.

El diálogo interno con café de Kristen

Aquí vamos...

Bendigo todo en mi vida, aquí y ahora, con amor y aprecio. Mi vida está llena de asombro, maravillas y soy poderosa. Me despierto todos los días sintiendo el poder y la felicidad corriendo por mis venas, animándome para un día increíble.

Soy digna, soy fuerte y creo en mis habilidades para manifestar mis sueños.

Siempre estaré agradecida por mi vida. Aprecio a mi familia, mi cómoda cama, mi delicioso café, mis zapatos, mi abundancia de dinero, mi maravilloso cuerpo, mis ojos sanos, mis dientes fuertes, mi hermoso yo, mi todo.

Amo el poder que siento en mi vida... para diseñar la vida que quiero. El poder de sentirme bien ahora pase lo que pase, y tengo la clave para lograr todo lo que deseo.

¿A qué le doy la bienvenida hoy en mi vida?

Doy la bienvenida a la gratitud. Doy la bienvenida a las sonrisas y guiños en el espejo. Doy la bienvenida al amor, la salud, el dinero y la abundancia. Recibo con gratitud todo lo que diseño porque soy digna. Tengo el cuerpo más sano de todos.

¿Cuál es el versión más ideal de mí misma que puedo ser hoy? ¿Qué nuevas posibilidades existen que aprovecharé y exploraré? Veo las posibilidades.

Estoy en el lugar correcto, en el momento correcto, haciendo lo correcto. Todo es resplandeciente, brillante y maravilloso en mi mundo.

Yo soy mi propia heroína. No hay nadie más en el mundo como yo. Yo soy yo y me amo. Siempre estoy aprendiendo y creciendo. Amo cómo pienso y siento. Amo el poder que tengo para diseñar la vida que quiero.

¡Tengo energía y entusiasmo por la vida! ¡Estoy emocionada! ¡¡OOOHHH SÍÍÍ!!

Soy una líder y maestra innata. Yo pienso diferente. Tomo decisiones diferentes.

He cruzado el río del cambio. No hay vuelta atrás, porque soy una nueva Kristen. ¡Vuela, hermosa mariposa, vuela!

No termino un pensamiento, declaración o afirmación negativa; inmediatamente lo revierto con una energía edificante, y esto se siente bien cada vez que lo hago.

Mi vida está llena de asombro, maravillas y soy poderosa.

Estoy tranquila porque tengo confianza y seguridad en mí misma. Soy digna de todos los deseos de mi corazón. Mi cuerpo está completo y sano, en cada célula de la cabeza a los pies, por dentro y por fuera. Soy joven y hermosa. Mi cuerpo produce un magnífico colágeno y mi piel está radiante, joven y luminosa.

La mejor manera de predecir mi asombroso futuro es crearlo a partir de lo desconocido. Con las manos abiertas. ¡Aquí voy!

Cuando ya estoy en un estado de dignidad, entusiasmo, plenitud, gratitud, alegría, amor, asombro, generosidad y empoderamiento, entonces siento que mis deseos ya se han manifestado. Esto conecta mis sentimientos actuales con los que sé que están en el futuro, y mi cuerpo cree que ya sucedió. Esta conexión me ayuda a manifestar todo lo que quiero más rápido.

Todo lo que me guíe a hacer será un éxito. Todo lo que toco es un éxito. Voy de éxito en éxito y me divierto todo el tiempo. Me merezco lo mejor y acepto lo mejor ahora. ¡El dinero es fácil de conseguir!

¡El dinero me ama! ¡El dinero me ama! ¡El dinero me ama!

Soy una excelente administradora del dinero y me encanta disfrutarlo y compartirlo con los demás.

Me siento saludable, fuerte, íntegra y vibrante.

Yo SOY amor. Gratitud. Alegría. Asombro. Emoción. Generosidad.

Me siento empoderada. Me siento dichosa.

Me siento ilimitada. Yo soy una creadora.

Yo elevo a otros. Doy cumplidos sin restricciones a mis seres queridos y extraños por igual. Un simple cumplido puede mejorar el día de alguien, especialmente el de un extraño. Pongo el bien en el mundo. Doy cumplidos a cuatro personas todos los días. Empiezo por mí misma. Luego alguien de mi familia. Luego alguien fuera de mi círculo íntimo y luego a un extraño.

Soy compasiva. Soy carismática. Amo mi nueva vida.

*Acepto la realidad de que la riqueza es mía. **Sé que mi cerebro tiene superpoderes y aprendo todo lo que quiero con facilidad,** incluido el italiano. Soy una genia creativa y una escritora prolífica. ¡Acepto con gratitud y le doy la bienvenida a mi INCREÍBLE vida llena de libertad!*

*«Tengo la respuesta en el centro de mi ser; sé quién soy y sé lo que quiero». —*BUDA GAUTAMA *(reescrito en primera persona).*

Mi imaginación, despertada emocionalmente hasta un grado intenso de excitación, aunada a mi expectativa confiada, me traen una avalancha de fortuna.

Tengo un suministro ilimitado de ideas brillantes, creatividad y prosperidad resplandeciente. Tengo múltiples fuentes de ingresos. ¡Ahora recibo mi bien de fuentes conocidas y desconocidas! Soy capaz.

Mi corazón agradecido está siempre cerca de las riquezas y la abundancia creativa del universo. Estoy agradecida por mi hermosa vida.

Miro el mundo que me rodea y siento su luz y energía brillantes y saludables, un mundo lleno de optimismo y compasión. Difundo alegría.

Hay tanta belleza a nuestro alrededor, hoy y mañana.

Las puertas se abren para mí dondequiera que mire. *Estoy rodeada de oportunidades y les doy la bienvenida.*

Soy digna y estoy abierta a recibir. Me siento saludable, fuerte, íntegra y vibrante.

Cuando dirijo mi mente subconsciente para que crea que la salud, la riqueza y la abundancia son mías, y que siempre están circulando en mi vida, siempre las tendré, independientemente de la forma que adopten. No hay nada que no pueda ser, hacer o tener. Soy vibración. Yo soy electricidad. Yo creo mi futuro.

La riqueza, la salud y la abundancia son mías. *Siempre están circulando a mi alrededor y en mi vida. Soy digna. ¡Todos lo somos!*

Puedo hacer cualquier cosa. ¡Voy tras algo y lo consigo! ¡Estoy en la cima del mundo y voy por más! ¡Soy ilimitada!

Tengo una cantidad exorbitante de energía y estoy zumbando con ella. Soy eléctrica. (¡Bzzz!).

Tengo claridad y pienso con claridad todos los días. Me amo a mí misma.

Soy digna. Soy digna. Soy digna. *Merezco lo mejor en la vida.*

Soy una genia con abundancia de ideas creativas.

Soy magnífica. Merezco amor. Me apruebo a mí misma.

Se me abren las puertas entre dimensiones para que pueda experimentar lo místico. Las sincronicidades ocurren en mi vida todo el tiempo.

Mi cuerpo está lleno de vitalidad y fuerza. *Estoy rebosante de energía, salud y amor edificantes, y atraigo todo lo que quiero en mi vida. Me siento joven y feliz e imagino mis genes de juventud expresándose. Me amo. Siempre. Estoy feliz y en paz. Mi cuerpo expresa genes de longevidad.*

Me siento amada profunda y diariamente. Soy digna de excelencia, amor y vitalidad. Estoy completa. Tengo mucho tiempo, energía y ayuda.

Mi cuerpo se siente más joven cada día. Siento felicidad todos los días. Mi sistema inmunológico es poderoso y fuerte.

Mi energía curativa se extiende a los demás.

Hay poder en mí y en todo mi alrededor.

Mi mente y mi cerebro **están muy concentrados y mi memoria es nítida.**

Me regocijo en la prosperidad de los demás. *Amo la buena fortuna de los demás. Y al hacerlo, también atraigo la buena fortuna hacia mí. Todos estamos conectados.*

Lo que estoy buscando también me busca a MÍ. Soy un poderoso imán que atrae todo lo que me otorga mi propia vibración de prosperidad y frecuencia electromagnética. Siento que una ola de paz me invade en este momento.

Tengo alas. *Me siento libre, ligera, tranquila, paciente, descansada y relajada. Estoy en forma, fuerte, feliz y llena de vida. Estoy abierta a recibir.*

Yo creo en mí misma.

Lo creas o no, eso ni siquiera es todo mi diálogo interno con café diario. Imagina muchos emojis e imágenes poderosas que lo acompañan (ver el capítulo 8). Las versiones se transforman a medida que retoco las palabras y agrego nuevas líneas en las que pienso en el transcurso del día.

También encuentro que ciertas cosas se mueven permanentemente en mi cerebro y, como resultado, ya no necesito mantenerlas en el guion. Se internalizan. Ya no es necesaria la repetición. Lo que significa que puedo reemplazarlas por algo nuevo.

A veces también hago cambios solo para mantener las cosas interesantes. Repetir las mismas cosas una y otra vez puede resultar aburrido en cualquier parte de la vida. Hacer cambios, ya sea agregando una imagen un día o reorganizando las palabras otro día, te ayuda a refrescar todo. Cuando se mantiene fresco, tu cerebro presta más atención.

Más adelante en este libro (Parte II), repasaré más guiones de diálogo interno con café para que comiences o para inspirarte a escribir el tuyo.

Pero antes de sumergirnos en eso, primero me gustaría compartir otra historia personal y luego repasaremos algunas técnicas para acelerar tu diálogo interno con café, llevarlo al siguiente nivel e infundirlo en otras partes de tu vida.

Cómo mi diálogo interno con café me transformó en una autora romántica

Quiero compartir la historia de cómo mi diálogo interno con café ayudó específicamente a mi vida. Cuando comencé el proceso, mi vida comenzó a mejorar, desde el primer día. Estaba más feliz, más enérgica y animada, y la vida era más fácil, más placentera. Me dio confianza, me sentí hermosa y me motivó a poner manos a la obra en las cosas que había escrito en mis guiones sobre salud y bienestar.

Pero también escribí algo más en mis guiones. Algo que, en ese momento, honestamente no sabía cómo podría llegar a ser. Pero hasta entonces, el diálogo interno había hecho maravillas por mí, así que pensé, qué más da, y lo intenté. ¿Qué tenía que perder?

Creé un guion completo sobre cómo convertirme en novelista. Había escrito mucha no ficción, pero la ficción era un mundo extraño y misterioso para mí. Ni siquiera había leído mucho en los últimos años. Mi diálogo interno relacionado con mi capacidad para crear historias era atroz. Nunca me había considerado una «narradora». Nunca pensé que tuviera la capacidad para hacerlo. Esas eran otras personas, como ese chico solitario en la escuela secundaria que siempre llevaba un bloc de notas, anotando ideas. No era yo.

Por supuesto, una vez que comencé a hablar conmigo misma, me di cuenta de que mis creencias sobre mi capacidad para escribir ficción eran... ¡una *ficción* en sí misma! Completamente inventadas. ¿De dónde venían? Quién sabe. No importa. Era hora de cambiarlas.

Así que comencé a incluir líneas en mi guion diario de diálogo interno sobre ser una escritora. Al agregarlas a un guion que ya estaba disfrutando, y creyendo, pude colar algunas líneas sobre un tema en el que antes pensaba que no tenía talento alguno. Vaya, ni siquiera sabía por dónde empezar.

Añadí líneas como estas:

Soy una escritora prolífica. Soy una genia creativa. Estoy llena de historias. Escribir novelas me resulta fácil.

Y eso fue todo. Agregué varias líneas como esa y seguí la rutina de leer mi diálogo interno todas las mañanas, día tras día.

¿Y qué crees? Estaba sentada en el patio trasero de mi madre un día, en esa época en la que estábamos atrapados en Arizona durante el aislamiento por la pandemia de Covid-19, y se me ocurrió una idea para una historia. Aparentemente de la nada. De manera completamente inesperada. *¡Vaya! Increíble*. Incluso miré detrás de mí para ver si algo me había metido la idea en la cabeza. Porque... ¿Quién? ¿Yo? ¿Con una idea para una historia?

De la nada.

O... ¿no fue así?

Pregunta: ¿Cuál es la fuente de toda la creatividad?

Respuesta: ¡El subconsciente!

Pues *por supuesto* que no sabía de dónde vino la idea. Eso es literalmente lo que significa *subconsciente*.

Pero, ¿dónde aprende el subconsciente que puede generar ideas para historias?

Respuesta: de nuestra programación. En este caso, mi diálogo interno. Es la única forma de explicar por qué nunca sucedió una vez en los cuarenta y tantos años de mi vida antes de hablar conmigo misma sobre la escritura de ficción. Ni una idea para una historia durante todo ese tiempo. NI UNA.

Y luego comencé a decirme a mí misma que tenía muchas ideas para historias. Y de repente, las ideas para historias empezaron a surgir de «la nada».

Quedé impactada. Aunque creía en el poder del diálogo interno, la velocidad de mi transformación y la claridad de este evento, debo admitirlo, me parecía demasiado bueno para ser verdad. Parecía *magia*.

Pero no iba a ser un evento único. Siguió sucediendo. Decidí darle rienda suelta, dejarme llevar, ¡y las escenas comenzaron a fluir en mi mente!

Sucede tan regularmente ahora, como era de esperarse, que ya no me sorprende. He llegado a esperar que las ideas de historias al azar me golpeen desde los éteres. Ahora, cuando surge una idea para una historia o escena, reacciono diciendo, para reforzar el diálogo interno: «*Sí, muy bien. ¡Eres una estrella!*».

Entonces, mi diálogo interno me dio un talento, una habilidad, que nunca antes soñé que podría tener. Y aunque nunca hablo así ahora (palabras como «nunca pensé que podría», etc.), las estoy repitiendo aquí para transmitir la historia, y es importante comprender mi antigua forma de pensar.

Avancemos seis meses. Ahora que estoy escribiendo estás líneas, he escrito ya seis novelas románticas con el seudónimo de Brisa Starr. Son seis novelas en cinco meses, lo que equivale a unas 6 000 palabras al día durante la fase de escritura (en contraposición a la edición). Y tengo una lista de ideas para futuras novelas tan larga como mi brazo.

Entonces, ¿de dónde viene toda esta creatividad, de repente en mis cuarenta, después de no haber escrito una sola palabra de ficción en mi vida?

Ya sabes la respuesta. La creatividad vino de mi diálogo interno.

Mi avance fue como abrir una compuerta. Una vez que me di cuenta de que una historia venía de mi propio cerebro, pensé, «oye, esto de verdad es posible». Como cuando Roger Bannister rompió la marca de los 4 minutos en 1954, una hazaña que antes todos habían pensado imposible, y luego alguien más rompió su récord solo 46 días después.

En otras palabras, una vez que supe que era posible, *supe que era posible*.

Unas noches después de que se me ocurriera la primera idea para una historia, no podía quedarme dormida. ¡Mi mente se inundó de ideas para historias! Me dan ganas llorar con solo pensar en esto y compartirlo contigo. ¡Pasé de pensar que apestaba en algo que podía ser realmente capaz de hacerlo!

Todo a causa de mi diálogo interno. Reconecté mi cerebro y simplemente me dije a mí misma: «Soy una escritora prolífica. Soy una genia creativa». Una y otra vez. Y luego se hizo realidad.

Bueno, entonces estaba en una buena racha. Creé un guion completo de diálogo interno para escribir. Lo escribí en una gran tarjeta con los colores del arcoíris y me grabé leyéndolo con música de fondo maravillosa. Lo escuché casi todos los días. Todavía lo hago, muchos meses después.

Mi guion de diálogo interno con café para escribir

Soy una escritora prolífica. Escribo 10 libros al año.

Amo mi cerebro. Es fuerte, saludable y lleno de poder.

Soy resistente.

Soy una genia hermosa y creativa.

Estoy llena de historias.

Soy valiente.

Estoy tan emocionada de despertarme todas las mañanas para poder escribir mis novelas.

Amo mi vida y la vida me ama.

Estoy concentrada.

Vivo en un nivel mental superior.

Mi corazón está lleno de alegría y emoción.

Mi cerebro está lleno de ASOMBRO.

Me define la visión de mi futuro como autora de bestsellers.

Las palabras y las escenas de las novelas brotan de mí.

Amo mi vida. Y amo mis historias.

Me estoy divirtiendo mucho escribiendo ficción.

Escribir novelas está en mi sangre.

Soy una autora de bestsellers.

Escribo de cinco a siete mil palabras al día.

¡Tan solo mírenme!

Soy una millonaria sexy *y feliz*

Soy una escritora increíble.

Escribir es emocionante. Soy una narradora de historias.

Escribir novelas es fácil y divertido para mí.

Dicto libros fácilmente con mi grabadora de voz digital.

Bendigo mi laptop con amor. Me trae dinero todos los días.

Me amo. Todo está increíblemente bien.

Ese es el guion original, y mientras lo escribí aquí para que lo leyeras, lo estaba leyendo de la tarjeta gigante en la que está escrito, que está sobre mi escritorio.

Pronto lo haré más específico porque tengo un nuevo objetivo: escribir novelas de fantasía. Actualmente, escribo apasionantes novelas románticas y me encanta escribirlas, pero decidí que quería expandirme a otros géneros.

¿Pero adivina qué?

Recuerda, realmente no me digo esta clase de cosas, pero la programación negativa trató de infiltrarse...

«Pero, Kristen, no sabes nada sobre escribir fantasía. ¿Cómo carajos vas a crear esos mundos épicos, personajes e historias? ¿Con guerras, hadas, monstruos y todas esas cosas mágicas?».

¡Jajajaja! Me río ante esos pensamientos débiles que se atreven a entrar en mi cabeza.

¡Por supuesto que puedo escribir fantasía! Es simplemente una cuestión de prepararme para hacerlo. No sé cuándo se manifestará, pero ciertamente sé cómo comenzar el proceso... con mi diálogo interno. Entonces, agregaré al anterior *guion de diálogo interno para escribir* líneas como estas:

Soy una autora de fantasía exitosa.

Las palabras y las escenas de las novelas de fantasía están desbordándose de mi mente.

¡Creo mundos de fantasía épicos, mágicos y alucinantes!

Es así de simple.

Capítulo 8

DIÁLOGO INTERNO CON CAFÉ TURBO-CARGADO

Ahora que estás familiarizado con los conceptos básicos del diálogo interno con café, es hora de ver hasta dónde puedes llevar este cohete hacia un futuro de tu propia creación. Llevemos las cosas al siguiente nivel con formas de usar el diálogo interno que mejorarán la experiencia aún más.

Hago todo lo siguiente de manera regular para obtener el máximo brillo y una luminosidad épica.

1. Usa imágenes

A nuestro cerebro le encantan las imágenes

Puedes hacer que tu diálogo interno con café sea más poderoso agregando imágenes a tus guiones. Cuando haces esto, se activan más partes de tu cerebro, lo que te ayuda a sentir *aún más* las emociones elevadas.

A nuestro cerebro le encantan las imágenes porque son más memorables que las palabras. Es por eso por lo que los expertos en memoria dicen que la clave para recordar cosas fácilmente es usar imágenes mentales. Las imágenes harán que recuerdes tu diálogo interno con mayor facilidad a lo largo del día a medida que se graben en tu mente. Puedes hacer esto con fotografías de internet, fotografías que tomes por tu cuenta o incluso bocetos o garabatos en lápiz y papel. Piensa en ello como «Diálogo interno combinado con Pinterest» o «Diálogo interno combinado con un tablero de visión». Las imágenes aceleran a velocidad turbo el proceso de recableado de tu cerebro.

Puedes usar imágenes con cada declaración, si así lo deseas, o solo ocasionalmente, para un énfasis especial. Las imágenes pueden relacionarse directamente con la declaración, pero no es necesario. Lo más importante es que la imagen desencadene la emoción elevada que estás tratando de capturar.

Por ejemplo, para el guion de «¡hoy estoy teniendo el día más increíble!» podrías agregar una imagen justo después de esa declaración. Simplemente toma cualquier foto que te guste de internet. Podría ser una imagen del océano o las montañas, un animal o arte. Cualquier cosa que te inspire asombro.

Mi diálogo interno con café tiene muchas imágenes que tomo de internet para inspirarme. Cuando las veo, siento un poder adicional corriendo por mis venas. Las imágenes me hacen sentir más eléctrica y amplifican mis sentimientos. Por ejemplo, tengo una parte de mi guion donde escribo sobre mi nuevo yo. Dice:

Soy una nueva persona. Me miro a los ojos y veo lo que ven los demás. Renuncié a la vieja identidad y estoy viviendo una vida mágica completamente nueva que yo diseño. Valiente. Emocionada. Asombrada. Enamorada de la vida. Paciente. Amable. Oro reluciente.

Luego, después de la declaración, hay una imagen del ave fénix ardiendo, transformándose y levantándose de las cenizas.

Para sentirte saludable y completo, podrías agregar una imagen de algo que te haga *sentir* saludable y completo. Tal vez sea una imagen de comida saludable. O gente que practica un deporte. O alguien corriendo por la playa con un perro. O tal vez sea una ilustración de los coloridos centros de energía de los chacras. El punto es encontrar imágenes que te gusten y que también te hagan sentir emociones elevadas. Agrega esas imágenes en el transcurso de tu diálogo interno con café para inspirar y estimular esos sentimientos elevados.

La experiencia de ver estas imágenes mientras haces tu diálogo interno es como revisar un tablero de visión vivo, que respira y está encendido. Cuando agregas imágenes y énfasis a tu diálogo interno, y lo lees en voz alta mientras ves estas imágenes, la manifestación de tus sueños puede suceder más rápido. Prácticamente puedes sentirlo sucediendo en tiempo real.

¡Eso *sí* que es poderoso!

2. ¡Emojis!

Otra forma divertida y rápida de mejorar tu diálogo interno es con emojis. Mis páginas de guiones están llenas de ellos. Me gusta el arcoíris, la bola de cristal de la adivina, los corazones de todos los colores, las sonrisas, el sol, la luna, las estrellas, los bíceps, el baile, el café (por supuesto), la bolsa de dinero, el avión, la playa/isla, la mariposa (¡como una transformación!), entre otros. Sé creativo. Es un proceso divertido y significativo, y con el tiempo verás que irás añadiendo más. Hay algo en la alegría desenfadada de los diseños que te atrae a un nivel emocional sutil, que es lo que buscamos.

3. Fuentes, subrayado, cursiva y negrita

Para agregar énfasis a ciertas frases, subrayo las palabras, las pongo en negrita o en cursiva. Alineo al centro ciertas declaraciones, justifico otras a la derecha y cambio el espaciado de las palabras para agregar variedad visual. También utilizo la aplicación Notas de mi iPhone para ingresar mis propios pequeños dibujos de garabatos. Todo esto hace que tu diálogo interno resuene aún más contigo en un nivel emocional, llame la atención y simplemente sea divertido.

4. Optimiza tu entorno de diálogo interno con café

El entorno puede mejorar o arruinar tu experiencia de diálogo interno con café. Es mejor hacerlo en un espacio físico que sea cómodo e inspirador, pero que te permita tener una buena postura. ¡No te encorves! Según investigaciones, sentarse derecho con una buena postura puede aumentar la energía y reducir el estrés, haciéndote sentir más feliz. Dicho esto, si te sientes especialmente feliz acurrucándote en, digamos, un sofá grande y cómodo, entonces yo digo, haz lo que sea que aumente tu felicidad.

Mira alrededor de tu cocina, oficina o sala de estar y encuentra un espacio que se vea bien. Si no hay algún lugar que te llame la atención, aprovecha la oportunidad para organizar un espacio para este propósito específico. Por lo general, hago mi diálogo interno en nuestra cocina y, a veces, lo hago en el sofá de la sala de estar. Cuando visito a mi mamá en Arizona, lo hago afuera, por la mañana, bajo el siempre brillante cielo azul en su patio (este es uno de mis lugares favoritos).

Cuando eliges tu entorno con intención, puedes moldearlo para amplificar tu experiencia, emociones y sentimientos. Eso es muy importante para tu diálogo interno porque hace que todo el proceso sea más intencional. Lo que, a su vez, lo hace más poderoso y efectivo. El objetivo es amar el espacio en el que te encuentras, porque esto mejorará tu estado de ánimo y mantendrá tu motivación en alto para seguir ese hábito todos los días. Usar el mismo espacio cada vez también activará un estado óptimo, al igual que lo hace el café.

Dicho esto, si no puedes usar el mismo lugar ideal todos los días, no te preocupes. Hazlo siempre que puedas.

Muchos otros factores contribuyen a la totalidad de tu entorno al hacer tu diálogo interno. Tus preferencias pueden variar, pero generalmente yo me siento más empoderada y animada en un entorno similar a un *spa*. No porque me gusten los *spas* en sí (aunque sí me gustan), sino porque estos, a través de décadas de prueba y error, han perfeccionado entornos para hacer que la gente se sienta relajada. A continuación, se incluyen algunos aspectos que debes considerar para mejorar tu entorno:

- **Luz del sol:** especialmente agradable, ya que el diálogo interno es un ritual matutino. La luz del sol te ayudará a despertarte, a concentrarte y a ponerte de buen humor.

- **Naturaleza de cualquier tipo:** un sitio al aire libre, aire fresco, brisa, plantas.

- **Agua:** nada mejor que el murmullo de un arroyo para aprovechar tu poder interior. Incluso una fuente de escritorio hace maravillas para el alma (también durante todo el día, no solo durante tu diálogo interno). De hecho, según el biólogo marino Wallace J. Nichols, autor de *Blue Mind*, el término «mente azul» se refiere a un estado levemente meditativo en el que caen las personas cuando están cerca, dentro, sobre o debajo del agua.

- **Aromas agradables:** café (¡obviamente!), pan recién horneado, flores, incienso, aceites esenciales… lo que prefieras.

- **Sonidos:** agua (de nuevo), campanas de viento, pájaros, música (más sobre esto a continuación).

- **Libre de distracciones:** apaga la televisión, pon tu teléfono en modo avión, pídeles a todos en su casa que te dejen en paz.

5. Dilo en voz alta

Algunas personas optan por leerse su diálogo interno en silencio. A veces, esta puede ser su única opción, como en un espacio público abarrotado. Dicho esto, siempre que sea posible, ¡di tu diálogo interno en voz alta!

Cuando hables en voz alta, estarás más concentrado y será menos probable que tu mente divague. También utilizas tres modalidades: leer (ojos), hablar (boca) y oír (oídos), lo que significa que es aproximadamente tres veces más poderoso que leer en silencio, con respecto al nivel de actividad dentro de tu cerebro.

A menudo, cuando lees en silencio, tu mente puede divagar. Por ejemplo, pensar en tu lista de tareas pendientes o pensar en cómo dormiste la noche anterior o qué preparar para la cena. Al leer, hablar y escuchar tu diálogo interno, tu enfoque se vuelve más nítido. Esto, a su vez, hace que las palabras sean más fáciles de recordar, y también las hace más significativas. Hablar las palabras también las hace entrar en tu mente subconsciente para que tengan una efectividad más rápida y te ayuda a conectarte con una respuesta emocional más profunda.

Como ya he dicho muchas veces, está bien si todavía no crees las palabras que salen de tu boca. Por supuesto que puedes fingirlo hasta que lo logres, porque de verdad funciona. Muhammad Ali era famoso por hacer esto. Una vez dijo: «Para ser un gran campeón, debes creer que eres el mejor. Si no es así, finge que lo eres».

Incluso si estás fingiendo, sigues disparando y conectando, porque tu cerebro no sabe la diferencia entre lo que estás imaginando que está sucediendo y lo que realmente está sucediendo. Puedes pensar en ello como «ensayar para el éxito». Muy pronto, no estarás fingiendo.

Es posible que te sientas algo escéptico sobre la afirmación de que tu cerebro no conoce la diferencia entre lo que dices y lo que es cierto. Digamos que una parte de ti conoce la diferencia... la parte de ti que está hablando, por supuesto. Pero la parte de tu cerebro que está formando nuevas conexiones neuronales, no sabe la diferencia. Simplemente conecta neuronas. Por eso, por ejemplo, las personas pueden aumentar su presión arterial y liberar cortisol, solo con sus pensamientos. Puedes decirte a ti mismo que eres feliz una y otra vez, llenando tu cabeza con pensamientos y visiones de encuentros felices, y tu cerebro creerá que eres feliz.

Y si no puedes decir tu diálogo interno en voz alta por cualquier motivo, como mínimo, pronunciar las palabras en silencio tendrá más impacto que simplemente leerlo para tus adentros. Procura al menos tener una buena postura mientras haces esto. Créeme, simplemente funciona. Algo sobre poner atención y pronunciar las palabras con intención hace que tu cerebro se dé cuenta. (Haz un pequeño experimento ahora mismo y prueba esto. ¡Verás lo que quiero decir!).

Tienes que bailar como si nadie
estuviera mirando.
—WILLIAM W. PURKEY

6. Ponle energía a tu diálogo interno con café

Para lograr un impacto aún mayor, anímate mucho durante tu diálogo interno. Al enfatizar tus palabras y gritar emocionado entre declaraciones («¡¡¡OOOH SÍÍÍ!!!»), amplificas tu estado emocional.

Cuanta más acción y énfasis pongas en esto, mejor y más creíble será para tu mente y cuerpo. ¡Así que hazlo con sentimiento! Saca a tu Meryl Streep o Robert De Niro interior. ¡Actúa! Cuando te sumerges por completo, grabas esos surcos de diálogo interno afirmativos a mayor profundidad en tu cerebro y mucho más rápido.

Ya verás que tu cuerpo responde a tus palabras. Y si agregas actitud, energía y énfasis, la respuesta será aún más fuerte.

Lo mejor es ponerse de pie y decir tu diálogo interno en una pose de poder, ¡como la Mujer Maravilla! Se ha demostrado que las poses de poder aumentan la confianza y disminuyen el estrés, así que aprovéchalas. ¿Sientes que estás haciendo el ridículo? No hay problema, hazlo de todos modos. Haz en broma, si quieres. Actúa de una manera exagerada. Aquí hay una buena idea: manos en las caderas, ojos al frente y una leve sonrisa de complicidad (ya sabes cuál, esa sonrisa que haces cuando tienes en tus manos los secretos, el poder y las respuestas). *¡Sí! ¡Ponle sabor!*

7. Convierte tu diálogo interno en una película con banda sonora

Sin música, la vida sería un error

—Friedrich Nietzsche

Agregar música mientras lees tu diálogo interno amplificará e intensificará los sentimientos que deseas crear. La música puede evocar poderosas respuestas emocionales y es una de las mejores y más fáciles formas de reducir el estrés, alterar tu estado de ánimo y cambiarlo. Se cree que la música placentera puede desencadenar la liberación del neurotransmisor dopamina, que se conoce como neurotransmisor de «recompensa». Por lo tanto, puedes entrenar a tu mente para *querer* hacer tu diálogo interno si lo combinas con música placentera, porque tu cerebro segregará dopamina cada vez que la escuche, y comenzará a asociar el diálogo interno con recibir esa recompensa.

Ya he hablado de la importancia de los sentimientos mientras lees tu diálogo interno, y una manera fácil de elevar tu estado emocional es escuchando música edificante mientras lo haces. Hay una razón por la que las películas tienen bandas sonoras y partituras. Impulsan las emociones de las personas mientras ven películas. ¡Imagina uno de tus dramas favoritos o éxitos de taquilla de verano llenos de acción y piensa en cómo sería sin música! La experiencia sería mucho menos conmovedora o memorable. Al agregar música edificante, no solo llevarás tu diálogo interno al siguiente nivel, sino que también lo disfrutarás más.

La música que escuchas afecta tu cerebro. Los científicos aún no saben exactamente por qué ocurre esto, pero parece ser que parte de la razón por la que la música es tan poderosa es que involucra muchas partes del cerebro, desencadenando conexiones y creando asociaciones. Si escuchas repetidamente la misma canción mientras lees (¡o cantas!) tu diálogo interno, anclarás la música a las palabras. Entonces, cada vez que escuches esa canción, tu cabeza se llenará con tu poderoso diálogo interno (para ser más precisos, el estado mental codificado con el diálogo interno se cargará en tu cerebro).

Revisa tus canciones favoritas y encuentra una que eleve tu espíritu, inspire tu alma y mueva tus emociones para hacerte sentir poderoso y lleno de energía. Luego, repítela y escúchala mientras lees tu diálogo interno. Puedes llamarla tu «canción para mi diálogo interno». O puedes compilar varias canciones y crear una «lista de reproducción para mi diálogo interno». Me gusta la idea de la lista de reproducción por su variedad, pero personalmente me he dado cuenta de que repetir solo una canción, una y otra vez, es más poderoso porque ancla esa canción con mucha fuerza. En unos meses, o incluso un año, podrías pasar a una canción diferente, o cambiar de canción cuando empieces un nuevo capítulo en tu vida.

Consejo: elige una canción *sin letra* para que las palabras no compitan con tu enfoque mientras lees tu diálogo interno. Me he dado cuenta de que ciertas bandas sonoras de películas tienen la sensación épica, dramática y cinematográfica perfecta para este propósito.

Otro aspecto interesante de combinar la música con tu diálogo interno es que es un poderoso estímulo emocional que puede cambiar tu relación con el tiempo. ¿Alguna vez has notado cómo pasa el tiempo cuando escuchas algo que te gusta, o cómo el tiempo se detiene, como si te transportaras momentáneamente a una realidad diferente, y luego regresas a esta realidad cuando la música termina? ¿O cómo la música puede ponerte en un trance atemporal, casi hipnótico?

Los neurocientíficos y los artistas han estado poniendo sus cerebros en estados de ondas alfa (8-12 Hz) durante décadas para lograr la relajación, la visualización, la creatividad y el aprendizaje mejorado. Así como lo han hecho los meditadores durante miles de años. Mi intuición y mi experiencia personal me dicen que algo poderoso está sucediendo al entrar en este tipo de estado alterado y leer mi diálogo interno. También es muy agradable y, por lo tanto, la probabilidad de hacerlo todos los días aumenta.

Recientemente incluí la canción *Liquid Flow* de Dreaming Cooper (puedes encontrarla en YouTube) como el tema principal de mi diálogo interno diario. Tiene un ambiente electrónico futurista, sin una melodía real. Es decir, es música que crea un estado de ánimo poderoso y distintivo, pero no intenta contar ningún tipo de historia. Que es exactamente lo que quiero. Ahora, cada vez que escucho esa música, estoy programada instantáneamente para pensar y sentir todo lo que he implantado en mi cerebro con mi diálogo interno. ¡Es impresionante!

¿Y con qué frecuencia aparece esa pieza musical en particular en mi día?

Exactamente cinco.

¿Por qué cinco? Esto me lleva al siguiente consejo... mi *minuto millonario*.

8. Mi minuto millonario

He ideado una técnica poderosa que llamo mi *minuto millonario*. Es una alarma en mi teléfono celular que reproduce una pieza musical específica en ciertos momentos del día y sirve para activar mi *estado* de millonaria *sexy* y feliz. Es decir, los pensamientos, sentimientos y mentalidad general que he asociado con la manifestación de mi yo feliz, *sexy* y millonario.

Es un estado mental asombroso y vivo en él todo el día... bueno, más o menos, ya que algunos momentos son más fuertes que otros. A veces, los detalles mundanos de la existencia, como lavar la ropa, pagar facturas o comprar alimentos, hacen que me olvide momentáneamente de mi misión épica, brillante y dorada.

¡Y entonces, de repente, se activa la alarma del minuto millonario!

Y... ¡¡¡BAM!!!

Cuando escucho las notas iniciales de la música, me transporto instantáneamente a ese espacio mental donde ocurre toda la magia.

Dejo de hacer lo que esté haciendo inmediatamente (excepto cuando sea imposible o inapropiado), cierro los ojos, me siento (o me paro) derecha, respiro profunda y simplemente dejo que la sensación me invada. Es asombroso, y siempre ayuda a volver a encarrilarme si me estaba distrayendo con cosas sin importancia. Me quedo congelada en este leve estado de trance entre 10 y 60 segundos. Luego, paro la alarma y reanudo mi día, pero con una perspectiva completamente renovada y emociones elevadas.

¡Y esto sucede *cinco veces al día!*

Configuré la alarma de mi teléfono para que suene todos los días a las 10:00 a. m., 12:00 p. m., 2:00 p. m., 4:00 p. m. Y 6:00 p. m. Está programado para reproducir *Liquid Flow* de Dreaming Cooper en esos momentos designados.

¿Para qué sirve esto? Bueno, como mencioné anteriormente, he anclado esa canción en particular para sentirme increíble, como resultado de escucharla siempre mientras leo mi diálogo interno con café. Cuando suena la alarma, recuerdo mi poderoso diálogo, lo que me hace sentir como un millón de dólares. Me recuerda que lo estoy manifestando todos los días. No solo con pensamientos positivos, sino con cada acción que tomo y el esfuerzo y el amor que pongo en mi trabajo. Este recordatorio hace que mi cerebro se sienta bien y animado. Me conecta con la vida que estoy manifestando con mi diálogo interno con café.

Mi familia sabe sobre mi ritual de minuto millonario. De hecho, ahora, cuando suena la alarma, toda mi familia se une a mí para dejar que la música nos rodee mientras nos sentimos relucientes y dorados. Mi esposo no siempre está en la misma habitación conmigo y con mi teléfono cuando sucede, por lo que es posible que solo lo escuche de 2 a 3 veces al día. Aunque no ha vinculado *Liquid Flow* con el diálogo interno, dice que la música lo «reinicia» y siempre evoca en él un estado mental más concentrado y empoderado. Sirve como un recordatorio frecuente para vivir el día a día a un nivel épico.

9. Graba tu diálogo interno

El siguiente paso para las superestrellas es grabar tu diálogo interno... ¡con la canción elegida sonando de fondo! Es súper divertido y fascinante. Al grabar tu diálogo interno, puedes escucharlo en cualquier momento. Mientras caminas a la tienda, conduces el auto, te alistas por la mañana, haces ejercicio en el gimnasio, lavas los platos, cocinas la cena o antes de acostarte.

De hecho, una de mis formas favoritas de hacer mi diálogo interno es con mi taza de café en la mano, mientras camino por la cocina y la sala de estar, con los auriculares puestos, escuchando mi grabación. Son tres hábitos acumulados:

Café + Diálogo interno + Caminar

Son una serie de cosas potencialmente poderosas que hacen que tu diálogo interno sea más efectivo.

Para empezar, el movimiento repetitivo que se produce al caminar desencadena una hermosa respuesta de relajación en el cuerpo. Cuando esto sucede, mi estrés comienza a disiparse instantáneamente. Al mismo tiempo, recibimos un impulso de energía para acompañar nuestro estado de ánimo elevado.

Recuerda, los sentimientos y las emociones elevados son ingredientes clave para que tu diálogo interno y tus sueños se manifiesten más rápido. El movimiento bilateral de caminar beneficia a nuestro cerebro de manera notable. ¿Y sabes qué más? ¡Obtienes algunos pasos adicionales durante el día! Y si quieres aún más intensidad, puedes hacer lo que yo a veces hago: tomar café, escuchar y decir mi diálogo interno… ¡mientras hago zancadas!

Entiendo que no todos tenemos tiempo para sentarnos regularmente y leer nuestro diálogo interno todas las mañanas. Al grabarlo, puedes escucharlo y aprovechar su grandeza en los días en que tienes prisa y tomas tu café mientras vas de camino a algún lado. O, si quieres llevarlo un paso más allá, significa que puedes experimentar el diálogo interno transformador más de una vez al día. Siéntate con tu diálogo interno con café, como de costumbre, leyéndolo y tomando café por la mañana. Luego, cuando estés preparando la cena o lavando los platos, reprodúcelo de fondo.

Escuchar tu propia voz grabada puede ser un poco extraño al principio. Eso es normal y siempre es temporal. Como la extrañeza de verse en el espejo con un peinado nuevo, lo que parece tan extraño al principio se convierte rápidamente en algo que ni siquiera se nota después. Lo mismo ocurre con tu propia voz. ¡Vale la pena pasar por este periodo de adaptación, porque el impacto de escuchar tu propio diálogo interno es superpoderoso!

Cuando escuchas tu propia voz, en especial una vez que te acostumbras a escucharla sin juzgarla, suena como un diálogo interno en tu mente. Como «tú» contándote a «ti» cómo están las cosas. Y cuando lo piensas, ¡esto es exactamente lo que sucede cuando pensamos! Pensamos en un diálogo, en su mayoría tácito, con nosotros mismos constantemente. «¿Qué debo ponerme hoy? Mmm, me gusta esta camiseta, pero la usé hace dos días…», etcétera.

Nuestras mentes están compuestas por varios sistemas, cada uno con su propia «personalidad». Por ejemplo, el cerebro «racional» vs. el cerebro «sensible», etc. O la parte de ti que quiere perder cinco kilos vs. la parte de ti que piensa que una galleta más no hará daño. Me gusta pensar en mi diálogo interno grabado como mi «yo superior», la parte de mi cerebro que sabe lo que es mejor para mí a largo plazo y en la que puedo confiar. Cuando escucho esta voz, tiene una especie de autoridad. Es una especie de poder, ¡y viene de mí!

El diálogo interno con café es especialmente útil en tiempos difíciles. De hecho, estaba editando este libro durante la pandemia de coronavirus de 2020, y me apoyé en gran medida en mi diálogo interno grabado para mantenerme animada, saludable y empoderada en medio del miedo constante y las noticias. Si me sentía abrumada en cualquier momento, lo que más me gustaba hacer era ponerme los auriculares inalámbricos y tener mi diálogo interno grabado en segundo plano mientras limpiaba, trabajaba, cocinaba y caminaba por la casa.

Así es como grabo mi diálogo interno con café:

No tiene nada de sofisticado… no uso equipo de audio profesional ni nada por el estilo. Soy la única que lo va a escuchar, así que no tiene por qué ser perfecto.

Como mencioné, uso la aplicación Notas en mi iPhone para escribir mi diálogo interno. Esto es muy conveniente, ya que mi teléfono siempre está conmigo, por lo que puedo agregar cosas a mi guion de diálogo interno y hacer ediciones en cualquier momento que tenga una idea o la inspiración me llegue. También tengo un iPad, que se sincroniza con esa nota en la nube. Así que abro mi diálogo interno en el iPad y lo leo desde allí. También tengo esa música de *Liquid Flow* sonando en mi iPad mientras leo. Luego, abro la aplicación Notas de Voz que viene preinstalada en el iPhone, aunque cualquier aplicación de grabación funcionaría.

Luego grabo mi diálogo interno en mi iPhone, mientras lo leo en voz alta desde el iPad, con la música de fondo en el iPad. El resultado final combina muy bien mi voz con la música. Este proceso no ganará ningún Óscar por su calidad de sonido, ¡pero es más que suficiente para reprogramar tu cerebro para vivir tu vida mágica!

Si no tienes una tableta separada para leer, simplemente lee el guion de diálogo interno desde tu computadora o imprímelo. La música no es necesaria, pero es más eficaz. ¡También es más divertido!

O bien, siempre puedes escribir tu guion en papel y leerlo mientras grabas.

La mayoría de los días escucho mi diálogo interno grabado una vez al día. A veces, me siento con más energía y lo dejo sonando en un bucle sin fin durante gran parte del día, escuchando con auriculares mientras me ocupo de mis asuntos. ¡Es asombroso!

10. Recordatorio en el calendario para tu diálogo interno con café

Es fácil perderse en las ocupaciones del día. Es fácil que la pereza o el olvido hagan de las suyas cuando estamos ocupados y distraídos. Un consejo para contrarrestar esto es tomar una línea de tu diálogo interno y simplemente copiar y pegar el texto escrito en el calendario de tu teléfono. Configúralo para que aparezca todos los días. Luego, cuando estés ocupado viviendo la vida en un día cualquiera, de repente verás el diálogo interno en tu calendario. Es un pequeño recordatorio de tu genialidad. Esto es realmente efectivo, y tan simple a la vez que me hace reír.

Todos nos distraemos con la vida cotidiana y, a veces, nos olvidamos de pensar en nuestras metas y aspiraciones. O, incluso si recordamos las metas, nos olvidamos de estar *siempre avanzando hacia ellas*. O a veces, nuestras emociones nos gobiernan, en lugar de que sea al revés. Olvidamos sentirnos bien y necesitamos que nos recuerden que es posible sentirse bien todo el tiempo, o al menos 95% del tiempo. Los recordatorios de diálogo interno son perfectos para esto.

A veces programo este diálogo interno como mi recordatorio diario:

Soy una mamá cariñosa y atenta.

Uno pensaría que una madre no necesitaría que le recordaran esto, pero, bueno, creo que me ayuda recordar esas cosas. Cuando veo esto, me recuerda que debo prestar toda mi atención a mi hija cuando me pide algo o que le dé más abrazos.

Otro día, lo cambio a:

Soy una mujer carismática y poderosa.

En serio... solo ver esto me da la ventaja en ese momento. Mi comportamiento cambia de manera instantánea.

El truco con estos recordatorios es elegir frases breves y concisas. El punto es que todo aparezca en tu calendario, que muestra un número limitado de caracteres. Cuando encuentres una oración con la que realmente conectes, sigue usándola por un tiempo. A veces configuro la misma frase para que se repita durante dos semanas y, en algún punto, se abre camino en mi subconsciente y nunca necesito que me lo recuerden. Y luego lo cambio a algo nuevo.

Otras veces, elijo un fragmento por día y simplemente presiono la opción de repetición semanal, por lo que estoy rotando a través de siete frases diferentes cada semana. No puedo enfatizar con suficiente fuerza lo efectivo que es este pequeño consejo.

11. Recordatorios adhesivos para tu diálogo interno con café

A continuación: el viejo y confiable *post-it*. Mencioné esto en el capítulo 1 y es la versión analógica del recordatorio de calendario de arriba. Escribir algunas de tus líneas favoritas de diálogo interno en notas adhesivas y pegarlas en lugares donde las veas te ayuda a recordar que debes mantener el rumbo con tus afirmaciones positivas. Incluso leí acerca de alguien que imprimió una afirmación positiva, la laminó y la colgó en la ducha. ¡Qué buena idea!

Sin embargo, hay otro truco que tomar en cuenta. Tienes que mover las notas adhesivas cada 4-5 días. De lo contrario, empiezas a ignorarlas. Para evitar esto, muévelas a diferentes partes de tu hogar u oficina, y cambia el guion en ellas cada una o dos semanas.

12. La aplicación *I am*

Recientemente descubrí una nueva aplicación para iPhone/Android que es perfecta para usar con tu diálogo interno diario. La aplicación se llama *I am* (Yo soy) y el desarrollador de la aplicación, Monkey Taps, la describe como «afirmaciones diarias para el cuidado personal».

La aplicación tiene un modo de vista previa gratuito donde puedes disfrutar de algunas afirmaciones precargadas. La versión completa cuesta alrededor de 20 dólares al año y te brinda acceso a su biblioteca completa de afirmaciones precargadas, incluida una función que te permite agregar las tuyas propias (con todo y emojis, ¡genial!).

Y aquí es donde entra en juego tu diálogo interno.

Simplemente agrega líneas de tu propio guion en la aplicación. Haz clic en «Práctica», selecciona «Mis propias afirmaciones» y elige un tiempo (1, 5 o 15 minutos). La aplicación mostrará aleatoriamente cada una de tus líneas de diálogo interno, a intervalos de 15 segundos, con fondos coloridos.

De esta manera, creas una sesión de diálogo interno personalizada y cronometrada, ¡y es otra manera genial de repasar tu guion!

Además de usar la aplicación durante tu rutina de diálogo interno matutino, también es una excelente manera de llenar el tiempo de inactividad. Imagina… estás haciendo cola en la tienda, sacas tu teléfono, y aparece la siguiente línea de tu guion:

Un corazón agradecido siempre está cerca de las riquezas del Universo. Doy las gracias por mi hermosa vida.

Es muy divertido y el elemento aleatorio agrega algo de emoción. ¡Nunca se sabe lo que verás a continuación!

Capítulo 9

ENCUENTRA TIEMPO PARA HACER TU DIÁLOGO INTERNO CON CAFÉ

Todo el mundo tiene tiempo para su diálogo interno con café. El tiempo que tardas en beber una taza de café es perfecto, y me atrevo a decir que todos comemos o bebemos algo por la mañana, aunque sea solo un vaso de agua. Ahora, si eres la clase de persona que bebe su café en camino al trabajo, entonces es hora de hacer un cambio, *porque lo vales.*

La pregunta es simplemente, ¿quieres sentirte increíble o no? ¿Quieres incrementar tu felicidad y bienestar? ¿Quieres mejorar tu salud y atraer una pareja o amigos nuevos? ¿Quieres tener más oportunidades? ¿Quieres tener más éxito en el trabajo? ¿Quieres ser un mejor padre o madre? Si respondiste afirmativamente a cualquiera de estas preguntas, cinco minutos es todo lo que necesitas para comenzar.

Sé que hay personas que todavía dicen que no tienen tiempo, pero es muy simple. Tengo la respuesta para ti, el secreto de cómo puedes hacer tiempo para hacer esto. ¿Estás listo?

Despierta diez minutos antes.

Magia, lo sé.

Lo digo con un poco de sarcasmo, pero también endulzado con amor. Quiero que todos tengan un diálogo interno increíble porque, no es una exageración, el mundo de verdad será un lugar mejor. Cada individuo que mejora su diálogo interno es una mariposa precursora de un huracán de amor, paz y compasión que se siente en todo el mundo. Cuando unimos nuestro tiempo de diálogo interno al café de la mañana, es más probable que lo hagamos, y es mi sueño que todos comiencen a hacer esto. Amarse a sí mismos y vivir vidas llenas de intención y confianza en sí mismos.

Sí, podría significar despertarse un poco antes, si es necesario. Y eso significa irse a la cama 10 minutos antes, porque no quiero que la gente pierda el sueño. Dormir bien por la noche es muy importante para la salud. También puede alterar tu estado de ánimo y mejorar tu felicidad y entusiasmo por la vida. Entonces, como una nota al margen para reorganizar tu horario para el diálogo interno, hazte un favor a ti mismo y a tu vida... descansa bien por la noche.

Repito, todos tenemos tiempo para esto. Lo fascinante es lo difícil que puede ser para las personas acostarse unos minutos antes. Entiendo completamente. Hay muchas veces que estoy leyendo y quiero terminar el capítulo. Solo cinco minutos más. O estoy jugando *Words with Friends* y quiero jugar mi turno en todos los juegos que tengo con varias personas. Solo unos minutos más no harán daño, ¿verdad? O estoy viendo mi programa favorito en Netflix y el episodio no ha terminado. ¡Hmmm, no voy a hacer una pausa en medio de la escena de la persecución!

Y ahí radica el secreto. Para prevenir este problema, analiza tu vida para ver lo que estás haciendo por las noches, a la hora antes de acostarte, y haz cambios. Ajusta tu horario para evitar interrumpir tus actividades nocturnas y aun así irte a la cama a tiempo. Cuando analicé mi propio horario y rutina nocturna, encontré todo tipo de excusas para interrumpir mi sueño. Y aquí es donde puedes encontrar margen de mejora.

Simplemente revisa tu calendario y úsalo para ayudar a organizar tu rutina para la hora de dormir. Una vez más, utilizo la aplicación de calendario en mi iPhone. Programo la hora a la que quiero irme a la cama cada noche, que suelen ser a las 9:00 p. m. Hacerlo a esa hora me da bastante tiempo para dormir, lo cual garantiza que me despierte renovada unas 8 a 9 horas más tarde. Luego configuro una alarma en mi teléfono para las 8:35 p. m., y elijo una canción para dormir del álbum *Sonicaid Sleep Therapy* para que suene como alarma. Cuando se apaga, dejo de hacer lo que esté haciendo, casi sin excepciones, y me lavo los dientes, me lavo la cara y me meto en la cama. Esto me deja unos minutos para revisar mis afirmaciones positivas del día antes de quedarme dormida.

Si esto parece básico, ¡es porque *lo es*! Esto no es ciencia avanzada. Pero ¿cuántas personas ponen una alarma para prepararse para la cama? Es tan fácil. Y cuando sé que mi hora límite son las 8:35 p. m., no me atrevo a comenzar un programa a las 8:00 p. m. También me he acostumbrado a dejar de leer a medio capítulo. Y dejo pendiente el resto de mis juegos de *Words with Friends* hasta la noche siguiente.

Cuando estoy de viaje o tengo un horario agitado, hago algunos ajustes: vuelvo a mi calendario y simplemente lo recorro en reversa desde el momento en que quiero irme a dormir, asegurándome de tener mis ocho horas de sueño *y* tiempo para mi diálogo interno con café en la mañana.

La realidad es que SÍ tienes tiempo para hablar contigo mismo. Al menos, si es que quieres la vida épica que te espera. Además, dado que la persona promedio pasa más de dos horas al día en las redes sociales, sé que la mayoría de la gente tiene 10 minutos para crear una vida mejor.

Es simplemente una cuestión de decidir, ¿es esto una prioridad o no? Para mí, definitivamente lo es. He experimentado la vida con mi diálogo interno con café y la vida sin él, ¡y es mucho mejor con él!

El cambio requiere hábitos y rutinas diarias y positivas diseñadas para mantenerlo alineado con sus objetivos.

—DR. JOE DISPENZA

Capítulo 10

TÉCNICAS DE PERSPECTIVA ALTERNATIVA (TPA)

Hay dos aspectos que han hecho que los diálogos internos con café sean tremendamente útiles en otras partes de mi vida. Los llamo Técnicas de Perspectiva Alternativa o TPA. En específico, el diálogo interno con café me ha ayudado a hacer cosas que antes no me gustaban. En este capítulo, te enseñaré cómo usar tu diálogo interno para ayudar a replantear las cosas para mejorar.

TPA #1: Replanteamiento del diálogo interno con café

Encuentra una manera de que te guste lo que no quieres hacer

Una forma astuta y genial de usar el diálogo interno es replantear tu mente respecto a las cosas que necesitas hacer, pero que en realidad no quieres. Esta es una de mis formas favoritas de hablar conmigo misma. Cuando descubrí cuán poderosas son las palabras que usamos para determinar cómo nos sentimos y qué manifestamos, un día experimenté con el uso de diferentes palabras en un intento de entusiasmarme para hacer algo que en realidad no quería hacer.

Incluso antes de que las palabras salieran de mi boca, me sentía muy escéptica y no pensé que funcionaría. El simple hecho de pensar en algo que no quiero hacer en absoluto y tan solo una palabra no cambiaría nada, ¿o sí? Tenía mucha desconfianza, pero luego pensé, «¿Qué más da?».

La primera vez que probé esta técnica fue un día en el que tuve que pagar facturas. Lo cual no era algo que disfrutara hacer. Pero esta vez, probé algo diferente. Simplemente dije: «Me encanta pagar las facturas. Estoy feliz de hacerlo».

Y eso fue todo.

Sinceramente, tuve un cambio inmediato en mi corazón y en mi estado de ánimo. No sentí ansiedad. Con ese simple cambio de palabras y reformulación, en ese momento, estaba literalmente feliz de pagar las facturas. Parecía demasiado bueno para ser verdad, pero me dejé llevar.

Al decirme a mí misma: «me encanta pagar las facturas», mi mente escuchó y creó ese estado para mí. Fue mágico. Después de eso, comencé a usar este truco todo el tiempo. Recuerdo que me reía cuando funcionaba con tanta facilidad y pensaba: «Sí, pero ¿funcionará esto para otras personas, o será que yo soy rara?».

Pero, unas semanas después, estaba leyendo el libro de Gretchen Rubin, *Objetivo: Felicidad*, y ella describió haber hecho exactamente lo mismo. ¡Casi me caigo de la silla! ¡Hola, compañera del pensamiento positivo!

Después de ese primer experimento exitoso, comencé a usarlo para todo, y me refiero a *todo*. Si había algo que no me entusiasmaba hacer, simplemente me decía a mí misma que estaba totalmente emocionada por ello. Como mínimo, este pequeño truco mental volvía las cosas menos pesadas. Pero la mayoría de las veces, comencé a esperar con ansias la actividad.

Por ejemplo, cuando necesito hacer algo como ir a la tienda, sobre todo cuando hay otras cosas que preferiría estar haciendo, simplemente cambio de opinión. Ahora digo: «Me encanta ir a la tienda». Y me voy, con una mejor mentalidad, saltando en lugar de caminar con pesar.

También utilizaba esta técnica a la hora de limpiar nuestro apartamento en Italia, en especial el horno, que siempre me había disgustado limpiar. Empecé a decirme a mí misma: «Me encanta». Ni siquiera me molesto en pensar en una razón, porque creo todo lo que me digo a mí misma. Dado que el cerebro recibe órdenes y yo le decía que amaba algo, mi cerebro respondía: «Claro, ¿por qué no?».

Este truco también funciona muy bien con el ejercicio. A mucha gente no le gusta hacer ejercicio, y algunas, incluida mi madre, lo describen habitualmente… digamos que con palabras que no se utilizarían en una conversación cortés. Pero cuando empiezas a decir «¡Me encanta el ejercicio!» cada vez que estás a punto de hacerlo, realmente lo disfrutas. *¡Vaya que funciona!*

Resulta que el truco también funciona en cómo te sientes por las personas. Tengo un pariente con el que no siempre estoy de acuerdo. Empecé a decirme a mí misma que la amaba y, sinceramente, mi energía cambió y comencé a sentir más bondad hacia ella en mi corazón. ¡Y hasta empecé a sentir que deseaba pasar tiempo con ella! Y cuando lo hice, fue mucho más agradable que antes. Me imagino que sintió que algo era diferente, lo que pareció cambiar su energía hacia mí también. Es como si mis palabras hubieran sido una *profecía autocumplida*.

¡Qué es exactamente el punto del diálogo interno!

También intenté usar esta Técnica de Perspectiva Alternativa para mi trabajo. Mientras escribía en un blog sobre convertirme en una millonaria *sexy* y feliz, consideré hacer videos de YouTube. Desafortunadamente, no disfruté mucho haciendo videos. El proceso siempre me pareció estresante: hablar frente a una cámara, recordar lo que se supone que debo decir, encontrar algo para ponerme, peinarme y no arruinarlo.

Entonces, un día, experimenté con mis nuevos poderes de TPA y dije: «Me encanta hacer videos de YouTube». Bueno, no me lo van a creer, pero funcionó de nuevo. Fin del juego, jaque mate. Ahora me encanta hacer videos. Y lo digo en serio. No estoy fingiendo. No me estoy mintiendo. Ahora realmente me emociona la idea de estar frente a la cámara. Ahora estoy más relajada y lo hago mucho mejor. Es como un interruptor en mi cerebro.

Todavía me sorprende la simplicidad de esta técnica. Tal vez soy una persona muy sugestionable, pero desafío a cualquiera a que diga repetidamente que le gusta algo que pensaba que no le gustaba, y vea si su actitud al respecto cambia, aunque sea un poco. Si es así, vale la pena. La técnica puede usarse para cosas que solo te desagradan levemente, como limpiar la casa o doblar la ropa, o para cosas que *realmente* no te gusta hacer, como hablar en público, declarar tus impuestos o visitar a tus suegros.

Aquí hay un experimento divertido: intenta usarla para que empiece a gustarte algo sensorial que no te guste actualmente, como un tipo de comida, un género musical o una película. ¡Imagina las posibilidades!

Esta increíble táctica podría ser muy efectiva para las personas a nivel profesional. Imagina que trabajas en ventas, pero no te gustan las llamadas no solicitadas. Simplemente repitiéndote a ti mismo: «Me encantan las llamadas no solicitadas» cambiarías tu actitud y te darías una ventaja con un impulso de confianza. Cuando piensas en las implicaciones en cuanto a tareas repetitivas, se convierte en algo revolucionario. Cuanto más a menudo puedas cambiar tu mente hacia un territorio positivo, mejor te sentirás, más saludable será tu cuerpo y más épica será tu vida.

Desde hace algún tiempo hago esto cada vez que surge algo que normalmente no quiero hacer, como volar a través del

Atlántico o pasar por seguridad en el aeropuerto. No hay nada a lo que no lo aplique... limpiar los pisos, tender la ropa, ir al Departamento de Vehículos. Funciona de maravilla. Ahora estoy tratando de disfrutar el sabor del hígado, que es tan nutritivo, pero... *ugghh.* El progreso ha sido un poco lento, pero ahora al menos puedo tolerarlo gracias a las TPA.

Inténtalo tú mismo. Piensa en algo que debas hacer esta semana y que preferirías no hacer. Simplemente di en voz alta: «Me encanta hacer _____». Fíjate si no te hace sentir diferente al instante con respecto a la tarea. Si no es así, o si el efecto es pequeño, dilo una y otra vez, de cinco a 10 veces. Luego, disfruta del impulso instantáneo que experimentas sobre el próximo proyecto o las tareas pendientes de tu lista.

Si bien las Técnicas de Perspectiva Alternativa como esta no requieren café, son una forma de diálogo interno. Así que puedes usarlas en tu diálogo interno con café. Al agregar las declaraciones en tu guion de diálogo interno, repites el pensamiento positivo a diario, lo que hace que el cambio se vuelva permanente y más rápido.

Por ejemplo, el pago de facturas es una tarea que se repite cada mes. Si todos los meses sientes ansiedad cuando llega el momento de pagar las facturas, agrega una o dos líneas a tu guion de diálogo interno con café, como, por ejemplo, «Me encanta pagar mis facturas». Decir esto todos los días durante un par de semanas hará que el pago de facturas sea pan comido. En realidad, es reprogramar tu mente para que se sienta completamente diferente al respecto.

Casi todo se puede ver desde diferentes puntos de vista. No a todo el mundo le disgusta pagar las facturas. Mucha gente se muestra indiferente; otros disfrutan tachando cada factura de su lista. Esto demuestra que es posible que te guste algo que no te gusta. Lo que quizás es menos claro para la gente es que en realidad se trata de una elección. *Decidí* que me gustara pagar mis facturas. Y todos tenemos este poder para elegir nuestras preferencias.

Verás, no es la actividad en sí lo que no nos gusta, sino la forma en que la vemos. La forma en que pensamos sobre las cosas marca la diferencia. Cambia lo que *significan* para nosotros. Con solo decir unas pocas palabras de diálogo interno, puedes cambiar por completo lo que algo significa para ti. Ya sea una actividad, una persona o tus creencias sobre el mundo. Y, sobre todo, tus creencias sobre *ti*. ¡Eso es empoderador!

TPA #2: La Técnica de Perspectiva Alternativa del «PUEDO» que cambiará tu vida

Otra forma de replantear las cosas que «deberías» hacer, o tienes que hacer, pero que no siempre te gusta hacer, es cambiar tu lenguaje de diálogo interno al respecto de otra manera específica. Simplemente reemplaza «tengo que» con «puedo», y luego ponte cómodo y disfruta la magia. Este es mi ejemplo favorito:

En lugar de *«Tengo que* hacer ejercicio ahora», di *«Puedo* hacer ejercicio ahora».

¡Bam! ¡Guau! ¿Ves la diferencia?

He cambiado algo que era una «necesidad» o un «deber» y lo he transformado en un *privilegio*. Qué suerte tengo, ¿no? ¡Puedo hacer ejercicio! ¡Guau! Al convertirlo en un privilegio, un sentimiento de gratitud te invade y te sientes mucho más feliz por realizar la actividad.

Cambiar una pequeña palabra cambia por completo el significado. Sin decirlo abiertamente, la implicación es que no todo el mundo puede hacer ejercicio. Por ejemplo, si tienen tres trabajos o tienen una discapacidad física. O, a veces, yo *no* puedo hacer ejercicio, como cuando estoy enferma. El mero hecho de que nada me impida actualmente esforzarme físicamente y mejorar mi condición física es razón suficiente para ser feliz. En verdad es un privilegio.

Para aquellos de ustedes que no aman meditar, intenten decirse a sí mismos: «*Puedo* meditar hoy». Te hace sentir un poco como un niño. Como: «¡Sííí! ¡Yupi!».

¿Ves lo poderosas que son tus palabras? Yo uso este truco todo el tiempo; de hecho, todos los días. Con el tiempo, tus sentimientos realmente cambian. Te emocionarás mucho más con lo que antes no te gustaba. No pasará mucho tiempo antes de que realmente desees hacer lo que te reprogramaste para disfrutar.

Puedes agregar fácilmente estas frases de «puedo» a tu guion de diálogo interno matutino. En particular, es muy útil para agregar buenos hábitos a tu vida. Por ejemplo, si el ejemplo del ejercicio aplica a ti, entonces podrías agregar una línea en tu diálogo interno que diga:

¡Puedo hacer ejercicio hoy! ¡Hurra! Qué suerte la mía.

Incluso podrías ir más allá e intensificar la gratitud al formular frases más específicas:

¡Puedo hacer ejercicio hoy! ¡Hurra! Tengo la suerte de tener el tiempo y la energía para hacer ejercicio. Tengo la suerte de tener piernas para correr en la caminadora y brazos para levantar pesas. Me encanta hacer de mi salud y mi cuerpo una prioridad. Hoy va a ser un superentrenamiento y estoy muy feliz de poder hacerlo.

Capítulo 11

LIBÉRATE DE LO NEGATIVO PARA BRILLAR MUCHO MÁS

Si bien tu diálogo interno solo toma de cinco a 10 minutos al día, hay otras cosas que hago para mantener una mentalidad saludable durante todo el día. Estos son mis consejos para ayudarte a mantener tu brillo al eliminar o dispersar cualquier negatividad en tu vida.

Hablemos de noticias

No veo las noticias con regularidad; de hecho, casi nunca. Claro que tampoco me siento como una idiota mal informada. Hoy en día, la mayoría de las noticias son redundantes, no importantes, no relevantes, de opinión sesgada o meramente especulativas (consejo: ignora todos los titulares que terminan con un signo de interrogación). Algunas ni siquiera son ciertas (¡Te hablan, Facebook!). Y mucho de lo que es cierto se filtra de tal manera que la gente hace clic en chismes, sensacionalismo o artículos para sembrar el miedo. Honestamente, es un desastre.

Sin embargo, nunca me pierdo cuando sucede algo realmente importante. Los grandes titulares pasan por mi filtro. Y las cosas de nicho relevantes para mis intereses particulares me llegan a través de curadores de confianza (amigos, Twitter, etc.). Cuando algo es tan vital que debo saberlo, me sumerjo para aprender más. Después de todo, no vivo debajo de una roca.

Pero te digo que cuando apagué las noticias, el aumento en mi claridad, mentalidad, creatividad, paz y felicidad se disparó. ¡Me liberé de TANTA distracción diaria! Ya sabrán que todo lo que implique violencia, llama la atención (por algo lo llaman la nota roja). La gran mayoría de las noticias son negativas *porque la mayoría de las personas están motivadas por el miedo y, literalmente, no pueden resistirse a hacer clic y mirar.*

Bueno, yo no. No dejo espacio para esa mierda en mi vida. Soy demasiado protectora con mi estado elevado. Soy feroz cuando se trata de manifestar mi vida de millonaria sexy y feliz, y ni loca permitiría que esta se retrase ni un día porque una celebridad fue sorprendida haciendo algo vergonzoso o un político dijo algo estúpido. Llámenme cuando estalle la guerra o descubramos vida extraterrestre, ¿sabes?

Drama en redes sociales

Ahora también adopto el mismo enfoque estricto y sin tonterías con mis *feeds* de redes sociales. Solía perder demasiado tiempo en las redes sociales. Cuando me di cuenta de que estas plataformas me estaban manipulando, poniéndome en un modo constante de consumo adictivo por goteo de dopamina («ludificación», en lenguaje técnico), dije, «de ninguna manera». Hice cambios importantes.

Para empezar, no me gustaba toda la charla en Twitter, así que inmediatamente dejé de seguir a cualquiera que fuera más a menudo negativo que positivo. No importaba si éramos amigos o no. No pienso permitir que mi conciencia sea rehén de la conciencia de personas negativas o mezquinas. Imagínese si todos purgaran su *feed* de una manera tan implacable… Twitter pronto se convertiría en un lugar mucho más amigable.

Instagram era otra fuente constante de angustia. Debido a mis propios problemas, hacía demasiadas comparaciones y eso no ayudaba a mi estado elevado. Incluso las cuentas aparentemente inspiradoras que seguía, en ese momento, solo me hacían sentir vacía. Esas personas ni siquiera estaban siendo negativas. No, los problemas surgieron de mi propia mentalidad de escasez. Lamentablemente, esto es común para muchas personas que usan Instagram en la actualidad (incluidos los jóvenes, lo cual es más aterrador). Cuando la autoestima de uno es baja, ingresar a Instagram, donde la gente solo publica lo mejor de sí mismo, con fotos filtradas, puede convertirse en un perverso hervidero de toxicidad.

Sin embargo, hay una respuesta para esto. Las redes sociales pueden ser poderosas si se usan correctamente y perjudiciales si se usan incorrectamente. Así es como las convertí en una fuerza más poderosa en mi vida, apoyando así a mi bienestar:

Durante mucho tiempo, simplemente dejé de lado las redes sociales, de golpe. Eliminé las aplicaciones de mi teléfono. Hice esto para agregar «fricción estratégica», como los adictos a las compras que controlan su impulsividad congelando sus tarjetas de crédito dentro de un bloque de hielo en el congelador.

Si quería registrarme o publicar algo, literalmente tenía que reinstalar la aplicación, encontrar mi contraseña e iniciar sesión. Lo cual hice, de vez en cuando. Pero solo si era lo suficientemente importante como para justificar el doloroso esfuerzo requerido. Y luego volvía a eliminar las aplicaciones. Suena un poco loco, lo sé. Pero esto rompió mi adicción a los me gusta, las publicaciones y los seguidores. Fue un gran éxito. Me permitió tomar un respiro y trabajar en mí misma.

Mientras permanecía alejada de las redes sociales, trabajaba simultáneamente en mí, y mi diálogo interno fue fundamental para esto. Aumentó mi autoestima y mi trabajo de amor propio me hizo sentir digna y completa. Cuando me transformé en una nueva persona que se sentía fuerte, amorosa y segura, descubrí que estaba en un mejor estado de ánimo para participar en comportamientos que antes eran riesgosos, como navegar por Instagram.

Una vez que me sentí cómoda volviendo a las redes sociales, llevé a cabo una purga despiadada. Dejé de seguir a cualquier persona, en cualquier plataforma, que me provocara una pizca de negatividad; por ejemplo, si la gente hacía bromas inapropiadas o decía cosas malas sobre alguien. ¿Terminé sola, en un páramo desierto de las redes sociales? Para nada. En cambio, comencé a seguir a personas que me hacían reír o que tenían cosas generalmente positivas que decir. Sigo a líderes en el campo del autodesarrollo, personas que publican hermosas imágenes de animales y de la naturaleza, y personas divertidas. Hay un montón de cuentas así.

Como regla general, también limito estrictamente mi tiempo en las redes sociales, incluso con mis nuevos amigos positivos. No se puede negar que la mayor parte del tiempo que se pasa en las redes sociales simplemente no es productiva. Es abrumador en muchos casos, y eso no es parte de una vida épica.

¡Quiero crear más que consumir!

Por lo tanto, participo en las redes sociales solo unos cinco minutos al día y, a menudo, solo cada dos días. ¡Configuré un temporizador de cinco minutos en mi teléfono! Y a veces, incluso paso una semana o más sin conectarme.

Y todo el tiempo que gano sin usar las redes sociales, lo uso para mejorar mi vida y a mí misma. Camino, leo, escribo, juego con mi hija, medito, fantaseo, me levanto y me muevo, bailo y me relajo, sabiendo que no pierdo ni un minuto, porque todo ese tiempo ha sido recuperado del vertedero de basura de las redes sociales.

Lo más importante es que cada vez que inicio sesión en Instagram o Twitter, me pregunto, ¿esto me hace sentir bien?

Si no, salgo de allí inmediatamente. Recuerda, las redes sociales pueden ser una gran ayuda, pero también un amo malvado. Cómo las uses depende de ti. (¡Yo evito Facebook casi por completo!).

Al mantener intencionalmente tanta negatividad fuera de mi vida como puedo, mi espíritu brilla más. No quiero que la negatividad dispare y conecte mi cerebro, y filtrar con cuidado las noticias y las redes sociales es una de las formas más inteligentes y fáciles de hacer esto.

Estos cambios han hecho cosas increíbles para mi bienestar. ¡Cuantas más oportunidades tengo de cultivar sentimientos positivos y edificantes, mejor me siento y más rápido atraigo el destino que estoy diseñando! Me estoy acercando cada día y disfrutando el viaje a la vez. No lo cambiaría por nada.

Prosperar a pesar de las personas y situaciones negativas

Implementar el diálogo interno en tu vida te cambia, pero eso no significa que cambie a todos los que te rodean. Es cierto que responderás mejor a las personas, incluso si ellas no llevan el mismo estilo de vida; pero seamos sinceros, no dejan de haber personas y situaciones que te exigen una paciencia casi heroica, como la de la Madre Teresa. Bueno, tengo un protocolo y entrenamiento para esas personas y situaciones, para ayudarte a manejarlas con más facilidad.

Para ser franca, habrá ocasiones en las que estés en compañía de personas que no compartan tu entusiasmo por las palabras y sentimientos increíbles. Hasta cierto punto, tienes cierto control sobre esto. Las personas familiarizadas con el diálogo interno saben lo importante que es rodearse de otras personas positivas. Mejora nuestra energía, nuestra experiencia de vida y nos hace sentir bien. Nos construimos unos a otros.

Con el tiempo, comienzas a darte cuenta de que ya no te sientes magnetizado hacia las personas negativas, incluso si las amas. No estás sincronizado con ellas. Tienes diferentes visiones de lo que es posible.

Para algunos, esto significa que es hora de tomar mejores decisiones sobre dónde pasamos nuestro tiempo. Recuerda, mejores decisiones conducen a una vida mejor. Ser reflexivo sobre con quién pasas tu tiempo es uno de los hábitos más importantes que puedes adoptar. Debes proteger tu mente de fuentes externas de programación negativa, de la misma manera en que supervisas lo que te estás diciéndo a ti mismo.

Por mucho que nos esforcemos, aún puede haber casos en los que nos encontremos rodeados de gente negativa. Familia, por ejemplo. Aunque podemos reducir el tiempo que pasamos con familiares negativos, es posible que no podamos evitarlos por completo y, honestamente, los amamos y no siempre queremos evitarlos. ¡Afortunadamente, hay un truco inteligente para eso!

Cuando estoy cerca de personas que se quejan mucho, respondo con «¿No sería fantástico si ...?». Y cambio por completo el tono de la conversación. Si alguien se queja del tráfico mientras estamos en el mismo automóvil, yo respondo: «¿No sería increíble tener un automóvil que pudiera elevarse por los cielos y volar sobre los otros autos?». Al usar palabras poco comunes e imaginar un escenario divertido, como autos voladores, puedo aligerar el estado de ánimo, para mí y para los demás.

En algunas situaciones, las palabras divertidas y las tonterías no son apropiadas. Entonces, por ejemplo, si alguien se desahoga o se queja de su jefe, primero escucho activamente, como hacen todos los buenos oyentes. No menosprecio ni descarto sus sentimientos o experiencias. Pero luego, cambio el estado de ánimo y les doy la oportunidad de pensar algo mejor en el momento, como, «¿No sería genial si tuvieras tu propia empresa de _____?» o «¿No sería fantástico si tu jefe fuera muy generoso y te felicitara por todo el gran trabajo que haces?».

Así que, debes ser sensible a la situación y responder en consecuencia, pero eso no significa sentarse allí a sumergirse en la negatividad de los demás.

También hago esto en mis propios pensamientos. No todo en la vida es color de rosa, pero mi objetivo es hacerlo *lo más rosado posible* con el poder de mis palabras y pensamientos. Por ejemplo, hace poco vivíamos en Lecce, Italia. Alquilamos un apartamento durante un mes mientras exploramos la ciudad, para ver si queríamos vivir allí más tiempo. Estaban haciendo reparaciones en uno de los apartamentos debajo de nosotros y usando disolvente de pintura, que apestaba mucho cada vez que salíamos y teníamos que bajar tres tramos de escaleras, conteniendo la respiración para evitar inhalar los vapores tóxicos.

Me apasiona la salud y sabía que el diluyente de pintura no le estaba haciendo ningún favor a mi cerebro ni a mis pulmones. Pero bajar las escaleras con ese modo de pensar simplemente me estresaría más, me haría sentir mal y me haría experimentar otras consecuencias negativas para la salud por el estrés (y el diluyente de pintura, ¡doble problema!). Y esto alejaría más mis manifestaciones de mí.

Entonces, en cambio, cuando estoy en una situación en la que las cosas podrían mejorar, respondo con el pensamiento más edificante: «¿No sería maravilloso si la escalera de nuestro edificio oliera a rosas frescas?».

O replantea la experiencia. Mi esposo, por ejemplo, bajaba tranquilamente las escaleras, contenía la respiración los tres pisos completos, pensaba para sí mismo que era James Bond y podía contener la respiración durante mucho tiempo para evitar respirar los gases tóxicos. La vida es un juego, ¿verdad? Es mejor jugar a ser James Bond que ser un loco histérico.

Aligera la experiencia por completo y me siento mejor cuando hago esto. ¡Jaque mate!

Un programa mágico para sentirse mejor al instante

Sin duda, a veces nos encontraremos en ciertas situaciones que no son ideales, pero podemos mejorar cada una de ellas. Otro ejemplo de cómo utilizo pensamientos positivos para mejorar mi vida es encontrar inmediatamente algo bueno en una situación. Es realmente fácil una vez que lo dominas, y he programado mi mente para que sea el curso de acción predeterminado. Tú también lo podrás hacerlo.

Por ejemplo, si estoy mirando un edificio y hay grafiti en él, lo cual disminuye su atractivo, busco algo que me guste de él. Quizá las ventanas o la puerta del edificio. Quizá la forma en que el sol se refleja en él. Incluso el propio grafiti... Me acuerdo de las pinturas rupestres de Lascaux del periodo Paleolítico y del antiguo impulso humano de crear y dejar una huella en el mundo. Lo que funcione para ti. Cualquier cosa positiva será suficiente y tu cerebro te creerá (en verdad), haciéndote sentir mejor en un instante.

O si hace frío y mis manos se congelan mientras camino a la tienda, en lugar de lloriquear, inmediatamente me recuerdo a mí misma que experimentar frío de vez en cuando hace que mis genes de longevidad se expresen más. ¡Eso es genial porque voy a vivir mucho tiempo! ¡Sííí! ¡Gracias, clima frío!

El lado positivo

También se reduce a una cuestión de elección. Elegir sentirse bien a pesar de, eh, condiciones *menos que ideales*, es la forma en que manejamos las circunstancias con gracia. Tu poder para elegir es la verdadera fuente de resiliencia. Claro, es normal tener una caída o tropiezo ocasional debido a alguna situación o evento en tu vida, pero lo que haces *después* es lo que importa.

¿Cuánto tiempo hasta que encuentres tu paz y tu felicidad de nuevo? ¿Cuánto tiempo hasta que cambies tu forma de pensar, te hagas cargo y retomes el ritmo?

De hecho, es muy fácil. Solo necesitas descubrir cómo ver la situación de la mejor manera posible. *Siempre* hay un lado positivo y nuestro diálogo interno reprograma nuestras mentes para buscarlo de inmediato. Nuestro estado de ánimo predeterminado se convierte en felicidad y en un sentimiento expansivo, sin importar lo que esté sucediendo. Esta es la máxima libertad, y se siente tan bien no tener miedo de nada en la vida.

El juego de la gratitud

Sentir gratitud es la forma probada y comprobada de aumentar tu felicidad. Expresar tu aprecio por cualquier cosa, en cualquier momento, siempre es una excelente manera de cambiar ese ceño fruncido. Genera sentimientos de plenitud y amor, y es una manera fácil de cambiar tus pensamientos a positivos en un instante, lo que vuelve a encaminarte para atraer la vida de tus sueños.

Siempre puedo encontrar algo en qué pensar que me haga feliz. Por ejemplo, si tengo que esperar fuera bajo la lluvia, siento gratitud por mi paraguas o abrigo (siempre y cuando los haya traído, jaja). O simplemente digo: «Aprecio la lluvia porque ayuda a que las plantas y el césped crezcan». Hacer una conexión rápida y sencilla de apreciación rompe la cadena de pensamientos negativos y crea una cadena de pensamientos felices. Una clave es mantenerlo simple porque hará sentido y llegará a tu núcleo más rápido.

Otro ejemplo: si te sientes ansioso por las finanzas, cambia instantáneamente y piensa en lo agradecido que estás de que tu hijo/hija/cónyuge/u otra persona esté sana. La salud es una fuente predeterminada de gratitud que aprovecho con regularidad porque sé que, cuando estoy sana, todo está bien en mi mundo. Si te enfermas, no te concentres en eso, date cuenta de que «me alegro de no estar más enfermo» o «aprovecharé este tiempo descansando en la cama para ver mis programas favoritos». (Consejo: las comedias y la risa mejoran la salud y la curación).

Una forma de ser realmente bueno en este juego es elegir un día a la semana en el que, durante todo el día (entre las tareas laborales que requieren tu atención), veas cuántas cosas puedes apreciar. Puede ser algo tan pequeño como apreciar tu cepillo de dientes o el sol que brilla, o tu cómoda cama, o tu delicioso café. O puede ser tan grande como tu casa, tu familia, tu trabajo o tu increíble perseverancia para tomar el control de tu vida y vivirla según tu propio diseño. Este ejercicio no solo resultará en uno de los días más felices de tu vida, sino que también dispararás y conectarás el reconocimiento en tu cerebro. Así es como se convierte en tu modo de pensar predeterminado.

Hago de la gratitud una parte oficial de mi rutina diaria agregando algunas líneas a mi guion de diálogo interno con café, en las que identifico cosas específicas por las que estoy agradecida.

La nueva conciencia de uno mismo crea una vida mejor, hoy mismo. ¡Sin importar qué pase!

Con el tiempo, he descubierto que mi diálogo interno con café me ha vuelto muy consciente de mis pensamientos, de las palabras que digo y de lo que escucho decir a otras personas durante el día. Me he dado cuenta de que proteger mis pensamientos con fiereza atraerá mi vida de millonaria sexy y feliz mucho más rápido.

Por ejemplo, en un nivel superbásico, ni siquiera utilizo ninguna de las siguientes frases:

No puedo esperar a _____.

o

No puedo esperar para _____.

¿Eh? Así es, elijo cuidadosamente cada palabra y frase que uso con regularidad, y decidí que no me gustaba esa. Pone un sabor un poco *limitado* en mi boca, así que me entrené para dejar de decirla. En cambio, digo algo un poco más jugoso como, «Estoy emocionada por _____».

¿Es esto un poco exagerado? No. Estoy en una misión y me estoy preparando para el éxito con cada palabra. Cada pensamiento. Porque ahora sé lo poderoso que es cada pensamiento y cada palabra. Si no me ilumina como una gigante bola disco, la cambio.

Claro, mis amigos y familiares pensaron que era bastante raro al principio. Pero entonces sucedió algo gracioso. Soy tan deliberada con mis palabras y las uso con tanta pasión que no pueden evitar cuestionar sus propias decisiones y hacer cambios en las palabras que usan. Las semillas han sido plantadas en ellos.

A medida que repito mi diálogo interno positivo y mis afirmaciones en el transcurso del tiempo, me resulta más fácil aplicar el diálogo interno positivo a cada una de las cosas de mi vida. En cuanto descubrí que *cada pensamiento* es una afirmación de algún tipo, naturalmente comencé a pensar de manera diferente, todo el tiempo. Nunca doy una palabra por sentada.

Como resultado, he encontrado tantos casos, en el transcurso de mi día, en los que fácilmente podría haber tomado un camino y dejar que una queja o una idea negativa se formara, cayera en espiral y nublara mi momento. Podría desencadenarse por un poco de negatividad de un extraño, alguien que conozco, las redes sociales o las noticias. Aunque no fuera directamente sobre mí, pero cuando piensas *cualquier cosa* negativa o crítica, creas un sentimiento negativo dentro de *ti*, una inquietud. Bueno, no en mi guardia. Ya no. La energía negativa, de cualquier fuente, definitivamente no atrae la vida de una millonaria *sexy* y feliz. Entonces, ahora, elijo inteligente y audazmente el otro camino. Si surge algo poco atractivo, lo esquivo como si fuera la plaga. Aprovecho mi exquisito diálogo interno, que siempre está a mi disposición, porque estoy entrenada para hacerlo de manera reflexiva.

Tú puedes hacer lo mismo. Imagina que no hay nadie que te jale de tu cola de caballo o tu corbata. Imagina una vida en la que tu corazón no se desplome hasta tus pies por el miedo. Imagina... vivir feliz, sin importar lo que suceda a tu alrededor. Haz tu diálogo interno con café todos los días e implementa estas estrategias adicionales para prosperar aún más. Observa cómo tu vida se vuelve épica.

Está bien, está bien, ya es suficiente. Pasemos a estos guiones de diálogo interno transformadores que te he estado prometiendo todo el tiempo.

PARTE II

GUIONES DE DIÁLOGO INTERNO CON CAFÉ

Aquí hay 13 guiones de diálogo interno con café para que continúes tu viaje hacia tu mejor y más mágica vida. Si te hacen sentido, tal como están, entonces siéntete libre de comenzar a usarlos ahora mismo. De lo contrario, puedes editarlos o usarlos como punto de partida para escribir tus propios guiones, con palabras que sean más relevantes o que te provoquen alegría.

Una vez que comiences a ver todas las posibilidades de usar los diálogos internos con café, ¡verás que es tentador escribir todos tus propios guiones sobre muchos temas!

Bueno para empezar, ¡eso es demasiado café! Pero en serio, esto es lo que pasa con el diálogo interno… cuando mejora tu actitud sobre cualquier área de tu vida, se filtra a otras áreas automáticamente.

Si comienzas, por ejemplo, con el guion sobre *riqueza y prosperidad* y lo sigues durante algunas semanas, comenzarás a sentirte mejor en todas las áreas de tu vida. El diálogo interno aumenta tu autoestima, lo cual te afecta por completo, no solo en ciertos aspectos de tu vida. Así que siéntete libre de concentrarte en un guion y seguir con él por un tiempo, con la certeza de que está aumentando tu bienestar en todos los sentidos.

Habiendo dicho esto, desde luego tienes flexibilidad total para crear los guiones que desees. ¡Yo uso una mezcolanza de todos ellos! Por lo tanto, es posible que desees tomar todas las declaraciones que te hagan más sentido de ciertos guiones a continuación, combinarlas como mejor te parezca y tal vez agregar algunas declaraciones que escribas por tu cuenta.

También es posible que desees utilizar diferentes guiones en diferentes días. A mi me gusta hacer esto. Mantiene las cosas frescas y, a veces, quiero adaptar mi diálogo interno a lo que sea que esté sucediendo ese día. Por ejemplo, tal vez sea un día de gimnasio, o un día agitado con visitas de fuera de la ciudad, o un día en el que tengo una gran entrevista para un pódcast.

Tus guiones evolucionarán con el tiempo, así que no te preocupes por hacerlo perfecto cuando comiences. Lo más importante es mantener tu amor por ti mismo porque ahí es donde realmente comienza toda la magia. No puedes equivocarte si al menos algunas de las declaraciones apoyan el amor propio. *¡Disfruta!*

Capítulo 12

GUION DE DIÁLOGO INTERNO CON CAFÉ PARA: VIVIR UNA VIDA MÁGICA

¿Qué es una vida mágica? Es una vida que se siente expansiva, llena de felicidad y en la que a cada esquina surgen sincronicidades asombrosas. Es despertar sintiéndose animado, curioso y brillante. Te hace vivir en un estado casi constante de asombro y notas más las texturas y colores brillantes por donde mires. Te sorprenderá más la naturaleza y lo lleno de felicidad que te sientes.

Una vida mágica es un estado mental y este guion te ayudará a adoptar esa mentalidad. Y cuando lleves este guion divertido e imaginativo al siguiente nivel, al de *auténticamente sentir* amor, asombro y alegría mientras lo lees, atraerás aún más brillo a tu vida y tu futuro. Todos pueden aprovechar esta fuente de magia, y cuando lo hagas, ten cuidado... porque *la vida se vuelve bastante divertida.*

Nota: Si eres madrugador, este guion es especialmente poderoso cuando se hace junto con la salida del sol. Aprovecha la energía a medida que el mundo que te rodea cobra vida y la luz ilumina lentamente la habitación, lo cual le añade ambiente y aumenta la sensación mágica.

Otra nota: ¡Te animo a que grabes tus propios guiones!

Guion de diálogo interno con café para vivir una vida mágica

Soy un ser reluciente, centelleante desde el momento en que despierto. Mis ojos brillan con alegría y amor.

Soy una persona magnífica. Mágica. Estoy más allá.

La dicha está a mi alrededor y dentro de mí, y disfruto mi maravillosa vida por completo.

Estoy en sintonía con mis metas y hermosos deseos.

Siento que el sol brilla sobre mí dondequiera que vaya, y refleja un resplandor más brillante que todo lo que he conocido.

Soy sexy, radiante, luminiscente y rebosante de vida.

Fluyo por la vida sin esfuerzo y con gracia, porque tengo una abundancia de tiempo.

Brillo, destello y centelleo porque me siento deslumbrante y vivaz.

Creo en mí. Simplemente abro mi corazón y me conecto con todo lo maravilloso que se me presenta.

Estoy recibiendo todo en la vida de ensueño que diseño, porque me lo merezco.

Mi vida es asombrosa y todo el tiempo ocurren sincronicidades emocionantes.

Siento una generosidad y paciencia ilimitadas conmigo mismo y con los demás.

Soy una criatura del Universo. Mantengo una mente abierta a las respuestas conforme vayan surgiendo.

En este momento me están llegando nuevas y abundantes oportunidades.

Soy una persona poderosa y capaz de hacer lo que quiera. ¡Persigo mis sueños!

Amo hacer cosas nuevas.

Mi color brilla e ilumina mi vida y la vida de los demás.

Tengo abundantes oportunidades a mi alrededor. Me sobra creatividad y me divierto con mi vida.

Me encanta experimentar cosas nuevas.

Siempre que aprecio algo, cada vez que amo algo y me siento bien por ello, le digo al Universo: «¡Sí! ¡Más de esto!».

Mantengo una mente abierta a la energía abundante que siempre me rodea.

Mis necesidades siempre estarán satisfechas.

Me siento como si estuviera en una alfombra mágica escarlata volando a través de un cielo estrellado, rebosante de admiración y asombro.

Soy una persona jugosa, curiosa y me encanta sonreír.

Miro el mundo que me rodea y siento luz y energía brillante y saludable, un mundo lleno de optimismo. Difundo alegría. Hay tanta belleza a nuestro alrededor, hoy y mañana.

Me amo. Soy especial. Siento amor con todo mi corazón, momento a momento.

El Universo me respalda en todo lo conocido y lo desconocido.

Soy libre como un pájaro, listo para emprender el vuelo porque mi corazón bondadoso es expansivo y está lleno de amor.

Me encanta compartir con los demás porque hace del mundo un lugar mejor.

Lo que estoy buscando también me busca a MÍ.

¡Estoy listo para aceptar milagros!

Mi imaginación vuela y me inunda la creatividad.

Emito frecuencias de alta energía día y noche, y eso atrae lo que deseo a la vida de mis sueños.

Mi energía es tan maravillosa que también sana a otras personas.

Me merezco todos los deseos que hay en mi corazón.

Soy la mente maestra de la increíble vida que estoy diseñando.

Me siento amado profunda y diariamente. Soy digno de excelencia, amor y vitalidad. Estoy completo.

Siento asombro por la naturaleza y el mundo que me rodea.

Soy digno de todo el amor del mundo.

Estoy tan feliz, que siento como si estuviera caminando en una nube mágica de polvo de hadas.

Mi vida es magnífica porque así la hago.

Cuando amo... tengo alas. Me siento libre, ligero, tranquilo, paciente, descansado y relajado. Siento sonrisas por todos lados.

Estoy abierto a recibir.

Estoy aquí, ahora, y listo para dar la bienvenida a la magia a mi vida.

Capítulo 13

GUION DE DIÁLOGO INTERNO
CON CAFÉ PARA:
CAMBIAR UN HÁBITO

Somos lo que hacemos repetidamente.

—WILL DURANT (sobre Aristóteles)

El diálogo interno con café se puede utilizar de dos formas diferentes. Puedes usarlo como se describe en este libro hasta ahora, para aumentar tu autoestima, reprogramar tu mente, crear un nuevo yo y atraer una vida mejor. O puedes usarlo para cosas específicas, como perder peso, encontrar pareja o aumentar tus ingresos. Las palabras también se pueden usar en un sentido más amplio para crear asombro y bienestar general. El diálogo interno funciona para todo lo que te gustaría cambiar.

¡Esto incluye cambiar los malos hábitos! O crear buenos. Tal vez quieras dejar de morderte las uñas (romper un mal hábito). Quizá quieras meditar todos los días (crear un buen hábito). Tal vez te gustaría romper un hábito y comenzar otro al mismo tiempo. Puedes usar tu ritual diario de diálogo interno con café para leer un *guion de bienestar* general diseñado para ayudarte a vivir tu mejor vida. Y al final puedes agregar un guion más específico y detallado, para ayudarte a romper un mal hábito o comenzar un nuevo hábito bueno. Depende de ti y tu enfoque debe ser flexible.

Te recomiendo actualizar y ajustar tu guion de diálogo interno con café de vez en cuando, tal vez una vez cada semana o dos, a medida que tengas nuevas ideas o situaciones nuevas que se presenten en tu vida. Y, por supuesto, a medida que rompas los malos hábitos e implementes los buenos con éxito, ya no necesitarás ejecutar esos guiones, por lo que podrás pasar a algo nuevo. (Por lo general, toma de 3 a 4 semanas formar un nuevo hábito).

La clave que hay que recordar para cambiar un hábito, ya sea para romper uno malo o crear uno bueno, es ser *muy específico* con la elección de palabras. Necesitas palabras que sean precisas pero simples. Usa palabras que te sean familiares, mantén la mayoría de las frases relativamente cortas y contundentes, y de nuevo, sé muy específico.

Así como la mejor manera de lograr cualquier objetivo es incluir detalles específicos en el objetivo, lo mismo ocurre con la ruptura o la creación de un hábito. Entre más detalles, la visión que creas se vuelve más brillante y vívida en tu mente. Eres más capaz de crear las imágenes para «ver» el resultado, de antemano, que tu cerebro utilizará como modelo para generar el resultado. Nuestros cerebros prosperan con las imágenes y las recordamos mejor que cualquier otra cosa. Crear imágenes mentales vívidas y específicas de cualquier cosa que desees en la vida es la mejor manera de hacer que tu cerebro se mueva constantemente en esa dirección, con todo lo que haces. Esto también aplica para cambiar un hábito.

Escribe tu lista de hábitos

Ahora es el momento de hacer una lista de las cosas que desees cambiar en tu vida. Toma una hoja de papel y dibuja una línea vertical para dividirla por la mitad. En el lado izquierdo, escribe los hábitos que quieres romper. En el lado derecho, enumera los hábitos nuevos que te gustaría agregar a tu vida. Es recomendable que intentes limitarlo a no más de tres elementos por lado al inicio, para evitar que la presión de tantas cosas te abrume. Puedes agregar más después, a medida que logres con éxito los hábitos con los que comenzaste.

Escribe un «porqué» persuasivo

Escribir tu «porqué» es una parte realmente importante del proceso. Es la razón por la que quieres hacer el cambio. Los diferentes sistemas de tu cerebro (como el pensamiento a largo plazo vs. corto plazo, o el pensamiento analítico vs. emocional) son como personas distintas que habitan en tu cabeza, cada una con diferentes deseos y diferentes formas de hacer las cosas. Están constantemente negociando entre sí a medida que tomas decisiones a lo largo del día, como cuando te «permites» tomar un descanso después de completar una cierta cantidad de trabajo.

Cambiar un hábito requiere la parte analítica a largo plazo de tu cerebro para persuadir a la parte automática de que esto es realmente importante. Al vocalizar tu «porqué», en esencia te estás convenciendo a ti mismo por completo de por qué esto es tan importante.

Y cuando escribes físicamente tu porqué, te entusiasmas más con los cambios que estás a punto de realizar. También ayuda a darte ideas para el guion de diálogo interno que escribirás.

Toma cada uno de los elementos de tu lista y pregúntate *por qué* deseas hacer el cambio. ¿Por qué es importante para ti dejar de consumir azúcar, o ahorrar dinero, o dejar de fumar, o beber menos alcohol, o dejar de morderte las uñas, o dejar de pasar tanto tiempo en las redes sociales, o dejar de quejarte tanto? Puedes pensar en razones relacionadas con tu salud, energía o simplemente, para sentirte mejor. Podrías pensar en cómo romper un mal hábito repercutirá en tu familia, tus ahorros o tu libertad.

¿Cuáles son las razones de peso para comenzar con tus nuevos hábitos? Piensa en al menos tres razones convincentes por cada mal hábito que vas a romper y tres por cada buen hábito que vas a empezar.

Veamos algunos ejemplos específicos para romper los malos hábitos y crear buenos hábitos con el diálogo interno con café.

Cómo empezar a usar el diálogo interno con café para cambiar tus hábitos

Ahora que tienes tu lista de cosas para cambiar y has escrito por qué deseas hacer esos cambios, es hora de trabajar en el guion de diálogo interno con café para cada elemento.

Para comenzar y para darte una idea de un guion que sería útil para romper un hábito, incluyo un ejemplo del guion real que escribí para mi hija (que tenía 9 años en ese momento) para que rompiera el hábito de morderse las uñas.

Hay un par de cosas que hay que tener en cuenta y que te recomiendo incluir en tu guion. Primero, tu guion debe ilustrar y describir el comportamiento de una persona que no se muerde las uñas. ¿Qué haría esa persona que no hace la que sí se muerde las uñas? Y viceversa.

En segundo lugar, describe los beneficios de cambiar el hábito. Enumera todos los beneficios que puedas imaginar. Incluye una descripción del estado emocional que sentirás como resultado de haber roto este hábito.

En tercer lugar, aborda lo que suele desencadenar el mal hábito, si tal desencadenante existe. Ofrece un comportamiento alternativo y saludable para reemplazar el mal hábito siempre que ocurra el evento desencadenante.

Tu guion también debe usar palabras edificantes para aumentar la confianza. Esto sirve como un recordatorio de la nueva persona en la que deseas convertirte, la nueva persona en la que se te estás convirtiendo, en este momento.

¿No te muerdes las uñas? No hay problema, deja que el siguiente guion te sirva de ejemplo o de plantilla. Mantén la estructura general, pero cambia los detalles para que coincida con cualquier hábito que desees romper.

Muestra de un guion de diálogo interno con café para romper el hábito de: morderse las uñas

Hoy libero la necesidad de morderme las uñas.

Estoy feliz de tomar decisiones saludables sobre mis manos.

Ya no siento la necesidad o el deseo de morderme las uñas.

Me encanta tener unas uñas bonitas, limpias y fuertes.

Mis manos son preciosas, con uñas largas y hermosas.

Me encanta pintar mis bonitas uñas de todos los colores del arcoíris, y me divierto haciéndolo.

Soy fuerte y segura de mí misma.

Tomo decisiones saludables.

Creo en mí.

Siento amor con todo mi corazón, momento a momento.

Me amo y amo mis uñas.

Soy increíble y puedo hacer lo que quiera.

Mis uñas son hermosas y me encanta mantenerlas saludables.

Cada vez que siento la necesidad de hurgar o morderme las uñas, en lugar de eso froto un maravilloso aceite en mis cutículas.

No necesito morderme las uñas y libero ese comportamiento ahora mismo.

Tengo buenos hábitos de higiene y las uñas limpias. Nunca me meto las uñas en la boca.

Me estoy divirtiendo mucho dejándome crecer las uñas y cuidándolas.

Son tan bonitas.

Me amo a mí misma en este momento y amo mis uñas.

Sigo adelante con lo que me propongo y persevero.

Soy digna de tener unas manos y unas uñas bonitas.

Si una de mis uñas se rompe, la cuido con amor con un cortaúñas o una lima.

¡Estoy emocionada de ver mis uñas crecer!

Si me pico las uñas mientras veo la televisión, reemplazaré el comportamiento con frotar un aceite hermoso en mis cutículas, lo que mantendrá mis uñas bonitas y saludables. Mantener una botella de este aceite junto al sofá garantizará que lo haga.

Como puedes ver, este guion es bastante básico, un poco repetitivo, incluye frases inspiradoras de amor para los sentimientos edificantes y también incluye detalles sobre cómo se comporta una persona que no se muerde las uñas, así como los beneficios de no morderse las uñas. Mi hija, sin que yo siquiera se lo pidiera, hizo una versión bonita y decorada de este guion como fondo de pantalla de su iPad, para que pudiera verlo una y otra vez durante el día.

Una vez que hayas escrito tu guion, estarás listo para comenzar a leerlo en voz alta durante tu diálogo interno con café diario. Repetir tus afirmaciones, una y otra vez, mientras tomas una taza de café como un hábito diario normal, rápidamente pondrá las ideas en movimiento. Por lo general, dentro de una semana o dos (a veces hasta tres semanas), la necesidad de morderse o hurgarse las uñas comienza a disolverse y, finalmente, se rompe el hábito.

Para acelerar el proceso, te recomiendo que leas el guion más veces que solo durante tu café de la mañana. Crear una rutina en la que la lectura de este guion sea el foco de tu mente durante 10 minutos, hasta tres veces al día, tendrá un efecto mayor. Piensa en ello como «desayuno, almuerzo y cena para el alma». O, en este caso, para las uñas.

Hablando de comer, si haces que la lectura de tu guion para romper el hábito sea algo que practicas antes de cada comida, te ayudará a recordar hacerlo.

Sucede algo casi mágico, en el que un día te despiertas y ya no tienes ganas de hacer el mal hábito. Estás libre de eso. Pero *no* es magia. Creaste un nuevo comportamiento programándolo en tu mente.

Hay muchas otras formas de mejorar este proceso de creación/ruptura de hábitos. Por ejemplo, podría darle a mi hija una pelota para que la apriete mientras mira Netflix, para que sus manos hagan algo que no sea tocarse las uñas. O podría ofrecerle una recompensa, como llevarla al salón para hacerse la manicura cuando sus uñas alcancen una cierta longitud.

También podría pedirle que usara guantes para ayudarla a romper el hábito.

Si bien son útiles, este tipo de técnicas *no cambian quién eres*. No te convierten en una nueva persona. El diálogo interno puede hacerlo. Puede cambiar tu personalidad, y cuando eso sucede, muchas otras cosas suceden también.

Para empezar, es más fácil crear o romper cualquier hábito. Además, a medida que te transformas, te abrirás a otros buenos hábitos porque tu cerebro, que se ama a sí mismo, está preparado para todo tipo de cambios positivos. Ese es uno de los secretos de hablar contigo mismo de esta manera. Al ser específico sobre «no morderse las uñas» y combinarlo con afirmaciones más ampliamente positivas como «Soy una persona buena y digna», estás creando un nivel de cambio que va mucho más allá de romper el hábito de morderse las uñas. Estás cambiando todo el panorama de tu mente. Te estás convirtiendo en una persona que cree en sí misma. Esto te da confianza no solo para cambiar hábitos con un enfoque limitado, sino que también obtienes una perspectiva más amplia para detectar oportunidades que te ofrecen otras formas de mejorar tu vida.

Para crear un buen hábito

Acabamos de ver cómo romper un mal hábito usando el diálogo interno con café. Ahora, veremos un guion de muestra para ayudarte a formar un buen hábito nuevo. Para este ejemplo, fingiremos que deseas comenzar el hábito de meditar a diario. Si este objetivo no aplica en tu caso, no te preocupes, la técnica se puede aplicar a cualquier hábito nuevo.

Al programar nuevos hábitos, además de usar el diálogo interno, existen algunas otras variables que afectarán tu éxito. Como crear un entorno que apoye el nuevo hábito que deseas crear. O establecer recordatorios e incentivos para que sea más probable que continúes haciendo el proceso hasta que el hábito se mantenga.

Por ejemplo, para un hábito de meditación, es posible que desees crear un entorno maravilloso que conduzca a la meditación. Tal vez incluyas una almohada o silla especial, o tal vez estés dentro de tu armario para garantizar un tiempo a solas. O tal vez signifique tener velas especiales, etc. Quizá no sería mala idea avisarle a los demás que no deben molestarte mientras meditas.

Ahora pasemos al guion; este guion es lo que comienza a programar tu cerebro, incluso si aún no has comenzado a meditar. El diálogo interno sienta las bases. Crea la mentalidad para meditar. Agregar el guion a tu diálogo interno con café durante una a tres semanas hará que el nuevo hábito sea más fácil de establecer, y también hará el proceso más agradable.

Me gusta decir que usar el diálogo interno con café para crear buenos hábitos es una forma de hacerlos más «pegajosos» y que así se adhieran a tu rutina. Es mucho más probable que tengas éxito cuando programas tu mente para ello, antes y durante el periodo en el que estás trabajando en el hábito. Usar el guion, incluso antes de que la meditación sea parte de tu vida, hace que tu cerebro y tu cuerpo se sientan familiarizados una vez que comienzas. Al igual que un jugador de baloncesto visualiza hacer tiros libres perfectos cuando está fuera de la cancha, usar el diálogo interno de esta forma te ayuda a visualizarlo, de manera que todo es más natural y fácil cuando comienzas. Luego, cuando empieces a meditar, sigue usando el guion diario con tu café matutino y fortalecerás el cableado de tu cerebro.

Muestra de un guion de diálogo interno con café para crear el buen hábito de: meditar

Soy una persona a la que le gusta la meditación. Me emociona todo lo que la meditación puede hacer por mí.

Me tomo el tiempo de meditar todos los días porque es importante.

Me merezco usar algo de tiempo de mi día para meditar.

Me encanta meditar.

Mi mente y mi cuerpo se sienten tan bien meditando, que no me gusta pasar ni un día sin hacerlo.

Medito durante 10 minutos todos los días y se siente maravilloso.

Soy fuerte y tengo seguridad en mí mismo. Me gusta estar saludable.

Mi mente y corazón están abiertos a la energía que me rodea.

Me amo a mí y a cada partícula de mi ser.

Todos los días espero con emoción poder sentarme a meditar. Es una parte habitual de mi vida y me hace sentir en paz.

Meditar es útil porque aumenta mi resiliencia y reduce el estrés.

Creo en mí porque soy un ser magnífico.

Soy una persona mágica. Estoy más allá. Estoy feliz.

Nunca me frustro mientras medito. Cuando noto que mi mente divaga, simplemente recupero mi enfoque. Cada vez que esto sucede, mi mente se vuelve más fuerte.

Soy el amo de mi asombrosa vida. Me gusta hacer cosas nuevas.

Estoy agradecido por cuidarme tan bien.

Meditar aumenta mi creatividad y me encanta lo que le hace a mi cuerpo.

Soy increíble porque puedo hacer lo que quiera.

Me aprecio.

Disfruto tomarme el tiempo para meditar.

Meditar es una excelente manera de sentirme súper, aumentar mi longevidad y aumentar mi capacidad de recuperación.

Me aprecio a mí mismo y al hecho de que me tomo el tiempo para meditar.

Sigo adelante con este hábito y persevero.

La meditación es una de mis partes favoritas del día, porque se siente muy bien.

Tengo excelentes hábitos de gestión del tiempo.

Me merezco recibir todo en la vida de ensueño que diseño para mí.

Me merezco tomarme un tiempo en mi día para meditar.

Meditar es bueno para mi mente y mi cuerpo.

Crear un espacio solo para mi meditación hace que sea más fácil y agradable meditar todos los días.

Me amo a mí mismo y me encanta meditar.

Me encanta ser una persona amable.

Meditar me ayuda a hacer realidad mis sueños porque me da paz y calma.

Como de costumbre, siéntete en total libertad de editar el guion y usar palabras y frases que te provoquen alegría. Mientras disfrutas de tu café diario, lee este guion varias veces. Para aumentar la firmeza del buen hábito, lee el guion en tres momentos distintos durante el día. ¡Leerlo justo antes de acostarse es muy útil!

No te preocupes si el nuevo hábito tarda hasta un mes en establecerse. Recuerda los consejos que cubrí anteriormente para que los cambios ocurran más rápido. Considera el entorno en el que haces tu diálogo interno, agrega música inspiradora (tal vez puedas escuchar una canción tranquila que sea perfecta para la meditación) y observa imágenes que te motiven a meditar.

Y lo más importante, asegúrate de experimentar sentimientos y emociones elevados mientras haces tu diálogo interno con café.

Capítulo 14

GUION DE DIÁLOGO INTERNO CON CAFÉ PARA: HACER EJERCICIO Y PERDER PESO

Estar en forma y delgado es un objetivo común, por lo que este es un tema de diálogo interno popular. Hay un par de desafíos que muchas personas experimentan y que les impiden alcanzar el éxito. Para empezar, muchas personas que quieren perder peso luchan con el amor propio y esta puede ser una de las razones por las que «se aferran al peso». En cierto modo, el peso se vuelve un mecanismo de protección.

Sin embargo, cuando tu autoestima aumenta y tu amor propio se dispara, ambos son resultados del diálogo interno, ¡el peso puede comenzar a bajar sin siquiera cambiar deliberadamente tus hábitos alimenticios o de acondicionamiento físico! Es extraño, pero el cerebro tiene cierta habilidad hacer realidad las cosas, especialmente cuando se trata del cuerpo, metabolismo, expresión genética, inmunidad y salud en general.

La otra forma en que el diálogo interno ayuda es que, con un guion diseñado como el siguiente, te ayuda a transformar tu *personalidad*… en la de alguien que se *comporta* como lo hacen las personas sanas y en forma. Crea el *deseo* de moverse más, hacer ejercicio y perder el peso no deseado.

¿Alguna vez has notado cómo las personas más en forma en el gimnasio tienen cierta energía, intensidad o «rebote» en su paso en la caminadora? Nunca parecen aburridos; se ven decididos. Nunca lucen cansados; parece que tienen una energía ilimitada. Parece que tienen una misión. Eso es porque *la tienen*. Cuando ves esto, estás presenciando una «actitud *fitness*». Una «mentalidad *fitness*». Es comprensible que pienses que esta actitud es el resultado de estar tan en forma, pero eso es 100% al revés. Estas personas están tan en forma *porque* tienen esta actitud. Cambia tu cerebro y el cuerpo hará lo mismo. No tiene elección.

Por último, muchas personas piensan que no tienen el tiempo o la energía para hacer ejercicio con regularidad. Bueno, aquí hay otra forma en que el diálogo interno con café ayuda. Te permite reprogramar tu cerebro para ver el *fitness* de manera diferente. El siguiente es un guion inspirador que sintoniza tu cerebro con la estación de radio «Soy una bestia atlética y *sexy*». Puede convertir a alguien que «no tiene tiempo» en la persona que *busca* tiempo para hacer ejercicio. Como si fuera una parte natural de tu día a día. No es trabajo, es un placer y lo deseas. ¡Lo quieres!

Como el diálogo interno con café generalmente se hace por la mañana, este guion encaja a la perfección en eso. Sin embargo, también recomiendo ejecutar este guion antes de hacer ejercicio. Aún mejor, intenta anclarlo con música que te provoque ganas de moverte, correr o bailar.

Como se describió en el capítulo anterior, existen formas auxiliares de apoyar la creación de buenos hábitos. Pero comenzar con el diálogo interno asegura que no solo crearás un nuevo hábito, sino que también te convertirás en una nueva persona a la que realmente le *gusta* hacer el nuevo y buen hábito. Esto es crucial para el éxito, porque es necesario cambiar tu forma de pensar para que el hábito se arraigue a largo plazo.

Al principio, podrías considerar tan solo leer este guion para tu diálogo interno con café (o editarlo a tu conveniencia) y no hacer nada más. Si deseas agregar un poco más de poder, considera leer el guion varias veces durante el día y antes de acostarte.

Después de una semana, evalúa si realmente sientes que se están produciendo cambios en tu cabeza y corazón. ¿Empiezas a sentir más energía? ¿Te inclinas naturalmente a querer hacer más ejercicio? ¿Y piensas en diferentes formas de agregar el ejercicio a tu vida? ¿El universo te envió algo sincrónicamente que hizo que te emocionaras un poco con el ejercicio? Probablemente notarás que, incluso después de solo una o dos semanas de leer tu guion de diálogo interno, estás ansioso por agregar esos buenos hábitos a tu vida porque te estarás transformando en el tipo de persona que hace estas cosas de buena gana.

Guion de diálogo interno con café para: hacer ejercicio y perder peso

Me amo y amo mi vida. Amo mi cuerpo y amo moverlo.

¡Me siento bieeeeeeen!

A mi cuerpo le gusta estar en forma porque se siente muy bien.

Elegir alimentos frescos y saludables me da mucha energía.

Soy la mente maestra de la increíble vida que estoy diseñando.

Agradezco la oportunidad de cuidar y amar mi cuerpo. Me cuido.

Creo en mí.

Cuando estoy en un estado de dignidad, gratitud y empoderamiento, siento que mis deseos ya se han hecho realidad.

Esto conecta mis sentimientos actuales con los que sé que están en mi futuro, y mi cuerpo cree que ya sucedió.

Me encanta la sensación que me produce un buen paseo al aire libre.

Me gusta mover mi cuerpo porque bombea mi sistema circulatorio y linfático, y esto me da energía.

Me encanta tener un cuerpo fuerte y en forma. ¡SÍ! ¡Vamos con todo!

Hacer ejercicio me da energía y confianza.

Sigo adelante con este hábito y persevero. ¡Estoy tomando el control de mi salud!

Creo en mí.

Soy una persona magnifica; mágica; fantástica.

Puedo hacer ejercicio en cualquier lugar, ya sea en casa, al aire libre o en un gimnasio. Tengo opciones ilimitadas.

Me merezco recibir todo en la vida de ensueño que diseño para mí.

Soy fuerte y tengo seguridad en mí mismo. Soy imparable y demuestro que todo es posible.

Amo mi cuerpo y cuidarlo es fácil.

Soy increíble y puedo hacer lo que quiera.

Me doy las gracias por cuidarme a mí y a mi cuerpo con tanto esmero.

Caminar es un buen ejercicio y lo disfruto mucho.

Me gusta desafiarme a mí mismo y aumentar mi frecuencia cardiaca con el ejercicio.

Una buena sesión de sudor se siente estimulante. ¡Síííí!

Me gusta hacer cosas nuevas y experimentar porque me inspira. ¡Explorar es emocionante!

El ejercicio puede ser tan fácil como hacer algunos saltos o flexiones de brazos. Una vez que empiezo, quiero hacer más, porque se siente muy bien y me da poder.

Los alimentos saludables alimentan mis células, que forman tejidos y órganos saludables. Esto me convierte en un yo mucho más saludable, ¡una célula a la vez!

Ser fuerte me da una ventaja en la vida.

Asumo mi propio poder. Mi cuerpo se siente firme. Mi cuerpo se siente fuerte.

Tengo buenos hábitos de higiene y estoy saludable.

Me encanta la sensación de esfuerzo mientras hago ejercicio, las respiraciones profundas de oxígeno fresco llenando mis pulmones, los músculos trabajando y quemando calorías.

Me encanta cómo se siente mi cuerpo después de un entrenamiento. No experimento sentimientos como fatiga o dolor, los experimento como una retroalimentación de que mi cuerpo se está adaptando, construyendo músculos y volviéndose más fuerte.

Agradezco poder hacer ejercicio todos los días. ¡El movimiento vigoroso me hace sentir alegre y con vida!

Me encanta elegir alimentos saludables porque mejoran mi salud.

Cuanto más tiempo soy consciente de la energía, la integridad y la salud, más los atraigo hacia mí.

Mi cuerpo es flexible como el de un hermoso leopardo.

Soy la mente maestra de la increíble vida que estoy diseñando.

Soy sexy.

Me encanta comenzar el día con unos minutos de ejercicio para que mi circulación caliente motores. Tres, dos uno... ¡vámonos!

Hacer ejercicio es divertido y me emociona poder hacerlo todos los días. Tomo decisiones inteligentes sobre mi salud.

Soy una persona buena y amable. Siento amor con todo mi corazón, momento a momento.

A mi cuerpo le encanta sentirse fuerte y flexible.

Cuando hago ejercicio, me enorgullece tomarme el tiempo para hacerlo. Gracias.

Tengo una cantidad exorbitante de energía y estoy zumbando con ella. Soy eléctrico. Bzzzzzzzzzz.

Soy digno de tomarme algo de tiempo en mi día para hacer ejercicio. Es muy bueno para mí y también es divertido.

Me amo. Siempre.

Capítulo 15

GUION DE DIÁLOGO INTERNO CON CAFÉ PARA: LA SALUD Y LA LONGEVIDAD

Me apasiona la salud y la longevidad. La salud es importante para mí porque siempre estoy ansiosa por tener tanta energía y vitalidad como sea posible. Me permite vivir mi vida con gusto. También quiero vivir el mayor tiempo posible, y me uno a Dave Asprey (*podcaster, biohacker* e inventor de Bulletproof Coffee) en la programación de mi mente para creer que viviré más allá de los... *180 años* (sí, escuchaste bien).

¿Te suena absurdo ese número? Aquí hay dos razones por las que podría no ser una locura.

Primero, la idea de vivir más de 180 años no es una locura si se considera el estado de la medicina y la tecnología. Hemos logrado grandes avances en los últimos 50 años. Si extrapolas hacia el futuro y tienes en cuenta las ganancias exponenciales en la potencia de las computadoras, no es irrazonable pensar que la ciencia podría llevar la esperanza de vida a 120 cuando tengas 70 años. Y a 140 cuando tengas 90. Y así sucesivamente. El hecho de que «acabar con el envejecimiento» se haya convertido en un área de investigación seria durante la última década, y atraído una gran cantidad de fondos, es un buen augurio para esta iniciativa.

Independientemente de las cifras reales, en algún momento, la tecnología mejorará más rápido de lo que la gente envejece. El truco es mantenerse vivo y saludable hasta ese punto (alcanzando la llamada «velocidad de escape de la longevidad»), y nuestro cerebro tiene MUCHO que ver con mantenernos saludables, jóvenes y vitales.

En segundo lugar, el simple hecho de pensar: «Voy a vivir más de 180 años», pone mi mente y mi cuerpo en una trayectoria diferente. A nuestros cerebros *les gusta recibir instrucciones* y tomarán en serio todo lo que les digamos, ya sea bueno o malo, y se pondrán a trabajar para que suceda. Siempre digo: «¿Por qué no pensar en grande?». Apunta a las estrellas y, como mínimo, aterrizarás en la luna.

Cuando imagino vivir tanto tiempo, me doy cuenta de que no hay lugar para enfermedades en mi vida. La misma declaración «Viviré hasta que tenga al menos 180 años» me da confianza, no muy diferente a tener un sentido del destino. Esto reduce mi estrés. ¡Y reducir el estrés te hace vivir más tiempo!

El siguiente guion está lleno de gemas que instruyen a tu cuerpo para llevar una vida saludable y tener bienestar general, con énfasis en la longevidad. Siéntete con total libertad de usar las frases que más te alegren y te hagan sentido.

Guion de diálogo interno con café para: la salud y la longevidad

Me siento increíble y tengo una vida increíble llena de vitalidad y felicidad.

Tengo tanta energía, que quiero bailar desde que me despierto. Mi energía está por las nubes.

Amo mi vida. Me amo. ¡Amo la vida!

Estoy emocionado por hoy, mañana y lo que venga dentro de 100 años.

Estoy viviendo una vida larga y saludable porque me cuido.

Mi cuerpo está electrificado con vitalidad y me siento joven. Mi color brilla e ilumina mi vida. Me elevo como un águila.

Estoy tranquilo y relajado, lo que crea paz en mi cuerpo y le permite curarme y protegerme.

Todo es genial hoy y me siento muy bendecido de estar vivo. ¡Gracias!

Tengo energía y salud ilimitadas. ¡Las tengo en abundancia y me siento tan bien!

Valoro mi salud y me cuido comiendo bien, haciendo ejercicio y manteniendo una mentalidad amorosa. La energía que genero en mi cuerpo me mantiene joven y rebosante de vitalidad.

Me encanta dormir lo suficiente; mis sueños procesan mi día, y mi sueño profundo ayuda a curarme y recuperarme.

Yo brillo. Me elevo. Estoy rebosante de vida. Swuuuuush.

Sintonizo las oportunidades para la salud. Las siento a mi alrededor. Mi increíble energía me mantiene en conexión con mi longevidad.

Creo en mí. Creo en mi cuerpo. Creo en mis genes para mantenerme vibrante y saludable.

Mi sistema inmunológico es poderoso y fuerte porque siento felicidad y gratitud todos los días.

Respiro con facilidad. Mi cuerpo está completamente sano y viviré al menos 180 años.

Soy una persona magnífica; mágica. Me siento joven.

Siento la salud y el bienestar más asombrosos porque tengo la disposición para recibirlos.

Cuido mi cuerpo y él me cuida a mí. ¡Me encanta mi cuerpo!

Mi salud es una prioridad y me siento bien al responsabilizarme de ella.

Me encanta aprender sobre formas de vivir una vida saludable. Amo probar y hacer cosas nuevas.

Tengo claridad y pienso con claridad todos los días, ¡porque tengo toda la actitud y un apetito insaciable por la vida!

Mis hormonas juveniles recorren maravillosamente mi cuerpo con energía y brío centelleantes.

Como alimentos maravillosos que nutren mi cuerpo, mente y alma. Disfruto mi comida.

¡Mis piernas se ven geniales!

Me doy las gracias por cuidarme tan bien y así asegurarme de vivir una vida larga y feliz.

Tengo un supercuerpo y me encanta todo.

Tengo un cerebro y una memoria poderosos. Lo recuerdo todo. Las palabras me llegan fácilmente. Recuerdo sin esfuerzo.

Voy a vivir hasta que tenga al menos 180 años. ¡Ya verán!

A mi cuerpo le encanta sanar. Siento amor con todo mi corazón, momento a momento.

A mi cuerpo le encanta sentirse fuerte.

Me merezco longevidad.

Hay armonía entre mi cerebro, mente, cuerpo y alma. Todas las partes que me conforman son hermosas.

Los centros de energía de mi cuerpo están alineados y me iluminan.

Me siento sexy y con energía, hoy y todos los días.

Hacer ejercicio es divertido y me encanta. Es solo una de las formas en que me cuido y aumento mi energía.

Yo. soy. ¡Increíble!

Capítulo 16

GUION DE DIÁLOGO INTERNO CON CAFÉ PARA: SANAR

Está científicamente comprobado que el cuerpo puede curarse solo con el pensamiento.

—Dr. Joe Dispenza

¿Acaso este guion realmente necesita otra introducción que la cita anterior? (Si eres escéptico o no estás al tanto de la investigación, lee *Sobrenatural* y *El placebo eres tú* del Dr. Joe Dispenza). Una vez consciente de que ya tienes el poder de sanar dentro de ti en este momento, vayamos directamente al diálogo interno con café, para que puedas instruir a tu cuerpo y permitirle sanar.

Guion de diálogo interno con café para: sanar

Mi cuerpo tiene el poder de curarse a sí mismo porque está diseñado para hacer eso.

Amo mi cuerpo, hoy y siempre.

Mis pensamientos contienen la medicina perfecta.

Todo está bien.

Soy increíble y merezco amor. Siento amor con todo mi corazón, momento a momento.

La felicidad es la mejor medicina. La felicidad es plenitud. Mi felicidad me cura y me mantiene saludable todos los días. El goce es la felicidad.

Siento un enorme amor por mi cuerpo. Me siento elevado.

Mis sentimientos y creencias impactan en todas mis células.

Enciendo mis genes curativos con comedia y humor. Me encanta reír.

Mi cuerpo sabe curar porque lo dirijo con mis pensamientos afirmativos.

La plenitud está dentro de mí y a mi alrededor.

Me sintonizo con la frecuencia y la energía de la abundancia, la plenitud y la gratitud.

Está a mi alrededor.

Tengo paciencia y generosidad ilimitadas porque tengo una abundancia de tiempo.

Mi color brilla e ilumina mi vida.

Mis células y hormonas son doradas y sanas.

Tengo valor y fe en mí mismo para sanar.

Respiro profundo con calma. El oxígeno llena mis pulmones y me relaja.

Merezco curarme. Merezco recibir. Lo siento. Lo sé. Me mantengo consciente de ello todo el día. La energía positiva activa mi programa genético de curación.

Siento que una ola de paz me invade en este momento. Wuuuush.

Mi cuerpo es un organismo que se cura por sí solo. Mi cuerpo se repara cuando estoy feliz y me relajo.

Sintonizo las oportunidades de curación y las siento a mi alrededor. Mis sentimientos de plenitud y amor me mantienen en conexión con ellos.

A mi cuerpo le encanta ser fuerte. Asumo mi propio poder.

Cada vez que aprecio algo, cada vez que me siento bien por algo, le digo al Universo: «¡Más de esto, por favor!»

Merezco recibir todo en la vida de ensueño que diseño para mí.

Soy imparable porque sé que todo es posible.

Soy un ser completo, de los pies a la cabeza.

Cuanto más tiempo soy consciente de esta energía curativa de plenitud, más atraigo la curación y la salud hacia mí.

Abro mi cuerpo y mi mente a mi increíble curación.

Soy una criatura del Universo, y el Universo me llena de energía curativa y luz amorosa.

Cuando estoy en un estado de dignidad, gratitud y plenitud, siento que mis deseos ya se han cumplido. Esto conecta mis sentimientos actuales con los que sé que vendrán, y mi cuerpo cree que ya ha sucedido. Esta conexión me ayuda a manifestar una salud dichosa más rápido.

Mantengo mi cuerpo y mente abiertos a la energía que me rodea.

Sano rápidamente.

Amo cada parte de mí, desde mi cabello, hasta mi cerebro, mis ojos y cara, mis brazos y pecho, mi estómago y órga-

nos, mis piernas y pies. Todo lo que me conforma. Todos los días me amo.

El amor es maravilloso porque sana.

¡Mi cuerpo persevera!

Me encanta ser una persona amable y animada porque se siente increíble.

Creo en mí. Creo en mi tremendo cuerpo.

A mi cuerpo le encanta sanar, ¡porque está diseñado para hacer eso!

Soy la mente maestra de mi cuerpo curativo.

Mi energía está elevada, completa y llena de amor. Estoy curado.

Me relajo y agradezco que mi cuerpo sea tan capaz de sanar.

Mantengo una actitud fresca y vibrante.

No me falta nada.

Me doy las gracias por cuidarme.

Mi fuerza es ilimitada porque me llena una energía cálida y brillante. Eso viene de dentro y se expande fuera de mí. Mi energía es tan edificante y alta, que me curo a mí mismo con ella y también tengo el poder de curar a otros con ella.

Respiro con facilidad. Mi cuerpo está completamente sano y voy a vivir más de 180 años.

Soy increíble.

Dirijo mi mente a que la salud es mía y que siempre está circulando en mi vida, así que siempre la tengo. Yo soy capaz de crear.

Me siento feliz y doy las gracias, aquí mismo, ahora mismo.

Yo soy amor.

Capítulo 17

GUION DE DIÁLOGO INTERNO CON CAFÉ PARA: LA RIQUEZA, EL ÉXITO Y LA PROSPERIDAD

Si conoces mi sitio web (kristensraw.com), sabrás que la palabra «millonario» tiene un significado especial para mí. Se trata en parte de dinero, por supuesto, pero no te dejes llevar por eso... significa *mucho* más. No significa necesariamente tener un patrimonio neto superior al millón de dólares. Significa algo mucho más amplio. Significa tener los medios para vivir la vida de tus sueños, sean cuales sean esos sueños.

Podría significar un millón de dólares, pero no necesariamente. Podría significar mucho más... 5 millones, 10 millones... o tal vez solo 50 mil. (Pero en ese caso, «Cincuentamilaria sexy y feliz» no suena tan bien, ¿no?) El número específico depende de ti, si es que tienes un número en mente (para el valor neto, los ingresos anuales, los ingresos mensuales, lo que sea). Yo tengo mi propio número meta, pero lo que es más importante, para mí, es que «millonario» es como una palabra clave. Es la abreviatura de todo un conjunto de ideas y emociones asociadas: abundancia, generosidad, éxito, estilo de vida, viajes, etc. Y de una idea en particular...

Libertad.

«Millonario» es mi etiqueta para el estado mental y emocional que evoco cuando quiero sentirme empoderada y libre para hacer lo que quiera hacer en la vida. Ir adonde quiera ir, ser la mujer brillante y dorada que quiero ser... intentar cosas audaces, soñar en grande, ser genial y, en general, vivir una vida *épica*. Es esta mentalidad millonaria la que me permitió, entre otras cosas, viajar por el mundo durante un año. Y luego establecerme, por ahora, en un pintoresco pueblo medieval en la cima de una colina en Umbría, Italia, el tipo de lugar que pensaba que solo existía en las películas.

Nada de esto realmente requirió un millón de dólares... solo requirió que yo pensara en grande, imaginara mi estilo de vida millonario y luego planificara en consecuencia. Paso a paso, todas las piezas encajaron en su lugar. Porque, en mi opinión, no solo era posible, *sino fácil*.

En el siguiente guion de diálogo interno, comparto contigo las cosas que digo para atraer mi vida millonaria hacia mí. Estas palabras son poderosas. Si las tomas en serio y las escuchas con atención, te darán una ventaja, una gran ventaja.

Para obtener más magia, y lo digo 100% en serio, este guion se dice mejor en una «pose de poder». Como la Mujer Maravilla. O Thor, si lo prefieres. Tu cuerpo responderá a tus palabras. *¡No tiene elección!* Y si agregas mucha actitud, energía y énfasis, es aún más fuerte. (No lo estoy inventando. De hecho, se ha demostrado que las poses de poder aumentan la confianza).

A continuación, se muestra un ejemplo de cómo hacer una pose de poder: manos en las caderas, ojos al frente y una leve sonrisa de complicidad (sabes cuál, esa sonrisa de complicidad que muestra que tienes secretos, poder y respuestas dentro de ti ahora. Y un lazo dorado que hace que la gente diga la verdad). ¡Sí! *¡Enciende tu poder!* Si tienes una capa (no mientas), sácala y úsala con valentía. ¿No tienes capa? Toma una toalla o sábana y fíjala a tu ropa con pinzas para el cabello. ¡Conecta con el superhéroe que llevas dentro! *Sentirás* la diferencia. Esto es *real*.

Diálogo interno con café para: la riqueza, el éxito y la prosperidad

Tengo un propósito en la vida. Tengo un potencial ilimitado. ¡Voy tras lo que quiero y merezco!

Vivo mi vida legendaria porque puedo. Es mi derecho innato.

Me animo todos los días porque puedo hacerlo. ¡Lo estoy haciendo!

Es fácil para mí aprovechar la creatividad y veo oportunidades y soluciones a mi alrededor.

Me merezco todo lo que quiero.

Bendigo mi computadora con amor y me trae éxito y prosperidad.

Las oportunidades abundan porque las atraigo como un imán. Mis ojos están bien abiertos.

Recuerdo las cosas con facilidad. Recuerdo sin esfuerzo. Tengo una memoria fenomenal.

Me encanta conocer gente nueva y compartir ideas. Amo escuchar a los demás y aprender.

Me amo. Amo mi vida. Amo la vida.

Soy la mente maestra de mi asombrosa y exitosa vida porque estoy diseñándola.

Creo en mí.

Tengo una gran relación con el dinero.

Tengo la clave para lograr todo lo que deseo, porque soy capaz y soy fuerte.

¡¡¡¡RROOOAAAAARRRRRRR!!!!!

Recibo todo lo que estoy diseñando en la vida de mis sueños porque SOY DIGNA.

Todo lo que toco es un éxito. Paso de un éxito a otro y a otro.

Soy carismática y me encanta compartir con los demás.

Mi espíritu se eleva y estoy en la cima del mundo porque soy mi propia heroína.

Soy inteligente. Soy segura de mí misma. No tengo límites.

Todos los que me rodean aprecian mis talentos.

Estoy empoderada porque me mantengo firme y persevero. Creo en mí y en mis increíbles habilidades.

La prosperidad me rodea. Soy próspera.

Me sintonizo con las oportunidades. Las siento y los veo a mi alrededor. Mi energía creativa me mantiene conectada con ellas.

Mis ingresos aumentan constantemente. ¡Síííí!

¡El dinero me ama! ¡El dinero me ama!

Soy imparable porque sé que todo es posible.

Estoy lista para sumergirme en mi día con entusiasmo, ¡y la estoy pasando de maravilla! ¡¡¡Amo mi vida!!!

Soy organizada y eficiente porque esto me mantiene enfocada.

Mantengo mi vida en orden.

Merezco recibir. Lo intuyo. Lo sé. Lo siento. Me mantengo consciente de ello todo el día.

Mi corazón agradecido está siempre cerca de las riquezas del Universo. Doy las gracias por mi hermosa vida y mi éxito.

Tengo mucho tiempo para hacer todo lo que quiero.

Soy una criatura del Universo y todos estamos conectados.

Sintonizo la frecuencia y la energía de la abundancia y la gratitud. Me rodea por completo.

Merezco nuevas oportunidades aquí y ahora.

Siempre se satisfacen mis necesidades.

Cuanto más tiempo soy consciente de esta energía de abundancia, más oportunidades atraigo hacia mí.

Tengo la libertad creativa para practicar las cosas que me apasionan.

Mi vida es de primera clase y lujosa.

Tengo éxito en abundancia y lo comparto con entusiasmo con los demás. Todos somos uno.

Yo soy yo. Me amo. Soy un éxito.

Dirijo mi mente a que la riqueza, la salud y la abundancia son mías, y siempre fluyen en mi vida, por lo que siempre las tengo, independientemente de su forma. Yo soy una creadora.

Aprendo todo lo que quiero fácilmente porque mi cerebro tiene superpoderes y está saludable.

Estoy en el lugar correcto, en el momento correcto, haciendo lo correcto.

Asumo mi propio poder en todo momento.

Mi corazón se expande con fuerza y valor. Mi cerebro se desborda con ideas increíbles. Mi alma está llena de entusiasmo.

El dinero me llega fácilmente. El sentimiento de abundancia produce abundancia.

¡Lo que aprecio, me aprecia!

En este momento se me presentan nuevas y maravillosas oportunidades.

Estoy abierta a la energía exitosa que me rodea y el éxito me ama. Estoy abierta a recibir todas las cosas buenas.

Me doy las gracias por cuidarme tan bien y perseverar en mi éxito.

Capítulo 18

GUION DE DIÁLOGO INTERNO PARA: ¡ENCONTRAR A UNA PAREJA INCREÍBLE!

¿Ya tienes una pareja increíble? ¡Puedes saltarte este capítulo!

Si no, ¡sigue leyendo! (O si conoces a alguien que está buscando una pareja increíble, puedes encontrar algo útil aquí para compartir con él o ella).

¿Recuerdas la mentalidad de «millonaria» (capítulo 17) que evoqué para crear mi «estilo de vida millonario» en la hermosa región de Umbría, Italia? Usé un proceso similar cuando estaba buscando un novio/futuro esposo. Fue hace 15 años y funcionó. Aunque no tomaba café mientras lo hacía, tenía una rutina en la que tomaba un baño de tina cada dos noches y me enfocaba en la pareja que quería atraer hacia mí, durante la hora del baño.

Llamémoslo *diálogo interno en la tina* si te parece, aunque, en ese entonces, no sabía que eso era lo que estaba haciendo. No me di cuenta de que era una forma de diálogo interno, pero lo era. Escribí un guion para revisar y reflexionar, y tenía muchos detalles que describían al hombre con el que quería compartir mi vida.

Escribí una lista de todo lo que quería en una pareja. Todo, desde preferir que usara anteojos (esa era mi forma de crear una imagen de alguien inteligente), hasta sus filosofías sobre la crianza de los hijos (quería ser una ama de casa) y ver deportes (prefería que no estuviera obsesionado con o definido por los deportes), y así sucesivamente. Escribí una lista extremadamente detallada con aproximadamente 15 solicitudes diferentes que hice al Universo.

En aquel entonces, mi lista estaba en papel porque los «teléfonos inteligentes» todavía se desplegaban, como esos artilugios de la vieja serie de *Star Trek*. Todavía puedo ver el papel en mi memoria ahora... Usé bolígrafos con brillantina, *stickers* y dibujé corazones y flores por todas partes... Tenía poco más de 20 años, por cierto. (Es posible que te rías, pero sé lo que te digo. Puede que las niñas de secundaria sepan un par de cosas acerca de conjurar algo del Universo). Pero ya, hablando en serio, las imágenes divertidas contribuyeron a, adivinaste, un *estado emocional elevado* cada vez que revisaba la lista.

Cuando lo pienso ahora, en retrospectiva, el proceso fue en realidad más un objetivo detallado o una lista de deseos. Mi lista no tenía afirmaciones positivas sobre mí, porque no estaba al tanto de este proceso en ese entonces. Pero la idea de tener un objetivo, hacerlo detallado, hacer un ritual todos los días para volver a visitarlo y sentir emociones positivas mientras lo revisaba, era asombrosa por su similitud con mi actual y finamente afinado proceso para establecer y revisar objetivos. Sin embargo, si hubiera incluido afirmaciones positivas y el diálogo interno sobre mí misma, ¡lo habría hecho aún mejor! ¡Apuesto a que habría conocido a Greg en un año en lugar de dos!

Esto es lo que sí hice. Mientras leía mi lista en la tina cada dos noches, me relajaba en un ambiente que apoyaba mucho mi visión... baño de burbujas, luces tenues, velas, música suave. Al crear el entorno adecuado, estaba ayudando a mi mente a entrar en un estado alfa relajado, lo que facilita reprogramar tu cerebro.

Mientras leía mi guion, sentí entusiasmo y amor por mi futura pareja. Esto creó ese estado emocional mágico que sigo enfatizando en este libro: los sentimientos que deben ser coherentes con la visión en tu cerebro analítico, a fin de hacer que esa visión sea real, para manifestar la vida de tus sueños. La combinación de mi estado relajado, más el detallado guion de manifestación de mi *príncipe azul*, más los sentimientos de amor que estaba experimentando mientras imaginaba lo maravilloso que sería tener el novio de mis sueños y... ¡BAM! Entró en mi vida y cumplió con todas mis expectativas.

Aquí te va un ejercicio: siéntate y escribe una lista de todas las cualidades que buscas en tu pareja ideal. Tómate un tiempo para hacer esto. Piensa mucho en ello. Estamos tratando con cosas serias... tu alma gemela.

A continuación, se muestra un guion de diálogo interno con café para ayudarte a atraer a la pareja de tus sueños. Simplemente toma las cualidades que enumeraste en el ejercicio anterior y agrégalas a esta secuencia de comandos, junto con cualquier otra modificación que desees realizar.

Guion de diálogo interno con café para: encontrar a una pareja increíble

Me encanta ser una persona cariñosa porque se siente muy bien.

Siento amor con todo mi corazón, momento a momento.

Merezco tener una relación con alguien maravilloso y generoso.

Merezco recibir a mi compañero de ensueño en la vida que diseño.

Aquella persona que estoy buscando también me busca a MÍ.

Merezco amor. Mucho, mucho amor.

Sé que cualquier cosa es posible.

Me encanta estar conmigo porque soy una gran persona.

Mantengo una actitud abierta para encontrar la pareja más increíble porque tengo un corazón lleno de amor para compartir.

Cuanto más soy consciente de la hermosa energía del amor, más oportunidades atraen el romance a mi vida.

Mi pareja es maravillosa, generosa, sexy y cariñosa. Tal como yo.

Tengo perfecta salud.

Soy una persona hermosa, divertida y feliz. Me despierto todos los días sintiendo alegría y gratitud por mi vida.

El romance está a mi alrededor. Soy un imán para el amor.

Sintonizo las oportunidades para el romance. Las siento flotando a mi alrededor. Mi energía amorosa me mantiene en conexión con ellas.

Tengo amor en abundancia y lo comparto con los demás.

Me gusta hacer cosas nuevas. Me encanta jugar. Mi color brilla e ilumina mi vida.

Merezco el amor más hermoso. ¡Amor de película! ¡Amor ridícula y deliciosamente romántico! ¡Amor rosa de algodón de azúcar!

Mis días están llenos de alegría.

El amor me llega con facilidad porque estoy rebosante de amor.

Mi pareja perfecta viene en mi dirección porque es el momento ideal.

Todo es asombroso y feliz porque veo y siento amor a mi alrededor.

Estoy atrayendo a una nueva pareja que me tratará de manera maravillosa, porque yo me trato de manera maravillosa.

Ahora mismo se me presentan nuevas oportunidades increíbles para encontrar una pareja increíble.

Reír se siente bien y me emocionan todas las cosas graciosas y divertidas que experimentaré con mi pareja.

Mi pareja perfecta será divertida, generosa, compasiva, atractiva, inteligente y aventurera.

Siento mucha emoción por el romance a mi alrededor y están sucediendo grandes cosas en este momento.

Soy una persona magnífica y siento que mi energía positiva se expande más allá de mí, atrayendo mi increíble relación.

Amor. Amor. Amor. Yo amo el amor.

Mi vida es increíble porque me amo como soy ahora. Amarme por completo significa que tengo la madurez y la disposición para amar a otra persona.

¡El amor candente se acerca a mí!

Me entusiasman todas las vacaciones románticas, las citas maravillosas y las emocionantes aventuras que mi amor y yo compartiremos.

Me relajo. Sonrío. Me siento increíble.

Merezco amor.

Capítulo 19

GUION DE DIÁLOGO INTERNO CON CAFÉ PARA: RELACIONES ROMÁNTICAS

Aquí hay un guion para impulsar el amor en tu relación romántica. Cuando la vida se pone ajetreada o ampliamos nuestra familia con niños, nuestras relaciones a menudo reciben menos atención. Es por eso que muchas parejas intentan programar una «noche de cita» para pasar un tiempo a solas, para concentrarse el uno en el otro y reconectarse.

Es probable que hablar contigo mismo haga que tu pareja lo note, a medida que te vuelves más positivo y feliz. De hecho, los miembros del grupo de Facebook de este libro (https://face book.com/groups/coffeeselftalk) a menudo comentan cómo sus cónyuges comenzaron a actuar de manera más amorosa y afectuosa después de que el lector comenzara a hacer su diálogo interno con café. ¡El esposo de una lectora incluso comenzó a dejar afirmaciones en su espejo y pequeñas notas de amor junto a su taza de café!

Este guion te ayudará a llevar tu romance al siguiente nivel, fluyendo todo el día, manteniendo fuertes esas vibraciones jugosas. Cuando usas un guion como este, o agregas algunas de sus líneas a un guion general propio, verás que tú y tu pareja se abrazan más, se besan más, son más románticos, considerados y pacientes el uno con el otro. Es como volver a inyectar ese sentimiento de luna de miel en tu relación, pero a diario.

Guion de diálogo interno con café para: relaciones románticas

Me encanta ser amable con mi pareja porque se siente muy bien.

Siento amor con todo mi corazón, momento a momento, por mí y por mi amante.

Merezco tener una relación con alguien maravilloso y generoso.

Le doy amor todo el día a mi pareja.

Cuando mi amante me habla, le doy toda mi atención.

Merezco amor. Mucho, mucho amor.

Mi pareja merece amor. Mucho, mucho amor.

Sé que cualquier cosa es posible.

Mi pareja y yo confiamos el uno en el otro, y nuestras almas se entrelazan con el amor.

Nos encanta estar juntos.

Mi pareja y yo nos tomamos un tiempo para estar juntos, relajarnos y disfrutar de la compañía del otro.

Todos los días, cuando veo a mi pareja, sonrío.

Los abrazos, los mimos y la confianza siempre están ahí para nosotros.

Cuanto más soy consciente de la hermosa energía del amor, más amor mi pareja y yo sentimos juntos.

Mi pareja es maravillosa, generosa, sexy y cariñosa. Y yo también.

Me encanta estar saludable para mí, ¡y esto también hace que mi relación sea más saludable!

Mi relación es hermosa y me despierto todos los días sintiendo alegría y gratitud por mi pareja.

El romance está a mi alrededor. Soy un imán para el amor.

Mantenemos nuestras antenas encendidas a fin de encontrar oportunidades para el romance. Las sentimos a nuestro alrededor.

Nuestra energía amorosa nos mantiene conectados, incluso cuando estamos separados.

Tengo amor en abundancia y lo comparto con mi pareja.

A mi pareja y a mí nos encanta hacer cosas nuevas. Nos encanta jugar. Nuestro amor y nuestros colores brillan e iluminan nuestras vidas.

Merezco el amor más increíble. ¡Amor de película! ¡Amor ridícula y deliciosamente romántico!

Mis días están llenos de alegría.

El amor nos llega fácilmente porque nos respetamos. Somos socios, copilotos y estamos en el mismo barco.

Mi pareja y yo tenemos la relación más increíble, llena de confianza y amor.

Estamos relajados. Sonreímos. Nos sentimos increíble.

Mi pareja y yo estamos a salvo el uno con el otro. Nuestros corazones se conocen por dentro y fuera.

Todo es asombroso y feliz porque vemos y sentimos amor a nuestro alrededor.

Mi pareja y yo atraemos oportunidades increíbles a nuestra vida.

¡Nuevas aventuras asombrosas se avecinan ahora mismo!

A mi pareja y a mí nos encanta reír juntos porque se siente bien. Nuestra vida está llena de alegría.

Nuestra relación está llena de compasión, atracción y aventura.

Sonrío cada vez que mi pareja entra a la habitación, sintiendo amor y gratitud por esta maravillosa persona en mi vida. Siento una dicha indescriptible.

Me emociona mucho el romance a mi alrededor, y están sucediendo grandes cosas en este momento.

Somos magníficos y sentimos que nuestra energía positiva se expande más allá de nosotros, atrayendo experiencias increíbles y realzando nuestro amor aún más.

Amor. Amor. Amor. ¡Amamos el amor!

Nuestra vida juntos es increíble porque nos amamos.

Tenemos un amor ardiente y candente. ¡Es sexy e increíble!

Me emocionan todas las vacaciones románticas, las citas maravillosas y las increíbles aventuras que tenemos ahora, así como las que tendremos en el futuro.

¡Somos felices!

Capítulo 20

GUION DE DIÁLOGO INTERNO CON CAFÉ PARA: LA FERTILIDAD

¿No buscas hacer una copia de tus genes? ¡Puedes saltarte este capítulo!

El tema de la fertilidad es un tema cercano a mi corazón. Utilicé con éxito el diálogo interno para ayudar a quedar embarazada. No era la única herramienta en mi *kit* de fertilidad, pero era importante porque me mantenía tranquila y abierta. Fue hace 10 años. En ese momento, acababa de enterarme de esa cosa llamada «diálogo interno». Sin embargo, en ese punto, no hablaba conmigo misma con regularidad como lo hago ahora. Así que no tenía un programa concreto o un guion como el que se muestra a continuación.

Sin embargo, recuerdo vívidamente cómo usé mi versión anterior, el día que fuimos a la clínica en Nueva York para un tratamiento especial llamado «FIV natural». Mientras me cambiaba de ropa y me ponía la bata de hospital, cantaba, como un mantra de amor, que estaba tranquila y emocionada de que pronto me transfirieran el embrión de Greg y mío dentro de mí.

Una vez que terminó el procedimiento, me volví loca con mi visión. Después de que se transfirió el embrión, los médicos hicieron que me reclinara en una silla durante aproximadamente media hora. Pasé todo el tiempo visualizando mi útero rosado, suave y pegajoso, como algodón de azúcar. Repasé una y otra vez en mi mente que el embrión se «pegaría» a mi útero y encontraría un hogar. Entonces imaginé que tenía un mago, Merlín, con un sombrero morado, en mi útero que me prometía que todo estaría bien y que se haría cargo del embrión.

Me pongo sentimental pensando en eso ahora, porque en ese tiempo, mi diálogo interno me mantuvo en calma y ayudó a dirigir mi cuerpo en lo que tenía que hacer. Es imposible exagerar la capacidad que tiene la mente para afectar nuestros cuerpos. Personalmente, creo que, si hubiera usado un guion como este con regularidad mientras intentaba concebir, el éxito de nuestro embarazo habría sido más rápido y fácil. Como mínimo, el proceso habría sido mucho menos estresante. (Consejo: considera cambiar a café descafeinado mientras intentas concebir).

Guion de diálogo interno con café de: fertilidad para mujeres

Soy digna de recibir y concebir. Lo intuyo. Lo sé. Me mantengo consciente de ello todo el día.

Mi cuerpo está diseñado para concebir y dar a luz a un hermoso bebé.

Siento amor con todo mi corazón, momento a momento, y estoy lista para compartir esto con mi bebé.

Asumo mi propio poder. Soy imparable y sé que cualquier cosa es posible.

Cuando me encuentro en un estado de dignidad, gratitud y plenitud, siento como si mis deseos ya se hubieran manifestado. Esto conecta mis sentimientos actuales con mi yo futuro, y mi cuerpo cree que ya ha sucedido. Esta conexión me ayuda a manifestar lo que quiero más rápido.

Tengo un cuerpo asombroso.

Me siento completa y hermosa porque me amo a mí misma.

Mis hormonas son óptimas y saludables. Saben preparar a mi cuerpo para recibir y tener un bebé sano.

Un embrión se «adhiere» fácilmente al interior de mi útero porque mi útero es «pegajoso», como algodón de azúcar.

Nutro mi cuerpo con el descanso adecuado, los alimentos y las afirmaciones amorosas porque me ayudan a concebir.

Soy maravillosa.

Tengo la energía para tener un bebé y estoy lista.

Estoy emocionada de sentir la energía de mi bebé dentro de mí.

Estoy agradecida por todo en mi vida y la gratitud me hace sentir bien.

Sentirme bien ayuda a mi fertilidad.

Estoy relajada. Muy, muy relajada.

Estoy tranquila y tengo mucho tiempo para quedar embarazada. Todo está bien.

La fertilidad es fácil para mi cuerpo, porque amo mi cuerpo y amo mi vida.

Es un placer experimentar el embarazo y estoy lista. Estoy feliz. ¡Estoy emocionada!

La fertilidad es natural y sin esfuerzo para mí. Mi vida da la bienvenida a un bebé con amor.

Soy capaz de concebir fácilmente porque mi cuerpo brilla con vitalidad y vida.

Estoy 100% lista para tener un bebé porque me amo total e incondicionalmente, ahora mismo.

Siento la magia de mis hormonas preparando mi cuerpo para concebir.

Amo la forma en que pienso y siento. Amo el poder que tengo en mi vida para diseñar la vida que quiero.

Mi cuerpo es maravilloso en su capacidad para crear un bebé.

Amo a mi pareja. Amo mi vida. Me amo.

Guion de diálogo interno con café de: fertilidad para hombres

Soy digno de ser padre. Lo intuyo. Lo sé. Me mantengo consciente de ello todo el día.

Mi cuerpo está diseñado para fecundar a mi pareja con un hermoso bebé.

Siento amor con todo mi corazón, momento a momento, y estoy listo para compartir esto con mi bebé.

Asumo mi propio poder. Soy imparable y sé que cualquier cosa es posible.

Cuando me encuentro en un estado de dignidad, gratitud y plenitud, siento como si mis deseos ya se hubieran manifestado. Esto conecta mis sentimientos actuales con mi yo futuro, y mi cuerpo cree que ya ha sucedido. Esta conexión me ayuda a manifestar lo que quiero más rápido.

Tengo un cuerpo fuerte y poderoso.

Me siento completo y digno de tener un bebé, porque me amo.

Mis hormonas son óptimas y saludables. Saben preparar a mi semen para fertilizar un óvulo.

¡Mis espermatozoides son nadadores fuertes e inteligentes! ¡Mi número de espermatozoides, motilidad y morfología es fantástico!

Nutro mi cuerpo con el descanso adecuado, los alimentos y poderosas afirmaciones porque estos me dan un cuerpo sano, listo para la paternidad.

Tengo la energía para tener un bebé y estoy listo.

Estoy emocionado de sentir la energía de mi bebé en el cuerpo de mi pareja.

Estoy agradecido por todo en mi vida y la gratitud me hace sentir fuerte, poderoso y saludable.

Sentirme bien ayuda a mi fertilidad.

Voy a ser un papá increíble.

Estoy relajado. Muy, muy relajado.

Estoy tranquilo y tengo mucho tiempo y energía para expandir mi familia. Todo está bien.

La fertilidad es fácil para mi cuerpo, porque amo mi cuerpo y amo mi vida.

Estoy listo. Estoy feliz. ¡Estoy emocionado de ser padre!

La fertilidad es natural y sin esfuerzo para mí. Mi vida da la bienvenida a un bebé con amor.

Soy capaz de fertilizar fácilmente el óvulo de mi pareja, porque mi cuerpo está fuerte con vitalidad y vida.

Estoy 100% listo para tener un bebé porque me amo total e incondicionalmente, ahora mismo.

Siento la magia en mis hormonas haciendo que mi esperma sea saludable y vigoroso.

Amo la forma en que pienso y siento. Amo el poder que tengo en mi vida para diseñar la vida que quiero.

Mi cuerpo es asombroso en su capacidad para ayudar a crear un bebé.

Amo a mi pareja. Amo mi vida. Me amo.

Capítulo 21

GUION DE DIÁLOGO INTERNO CON CAFÉ PARA: SER UNA MADRE O PADRE INCREÍBLE

Podrías pensar que ningún buen padre/madre necesitaría hacer diálogos internos sobre la crianza de los hijos porque amamos mucho a nuestros hijos. Pero cualquier padre/madre agotado sabe que a veces podríamos estar más atentos y disponibles para nuestros hijos. Ya sea que estemos cansados, distraídos, ocupados o sin querernos a nosotros mismos, todo afecta a nuestros hijos.

Una de las cosas más importantes que puedes hacer para aumentar el amor que expresas a tus hijos es *amarte a ti mismo primero*. Así es, primero. Primero tienes que amarte a ti mismo porque esto no solo te permite «estar ahí» para tus hijos de la manera que se merecen, sino también porque les enseña, a través del buen ejemplo, a *amarse a sí mismos*.

Cuando te amas a ti mismo, te cuidas mejor. Como cuando el avión se despresuriza, primero te colocas tu propia máscara de oxígeno, para que puedas mantenerte consciente y ayudar a tus hijos. Y te conviertes en el mejor modelo a seguir posible. Nuestros hijos aprenden con el ejemplo, y no es realista esperar que tengan una autoestima saludable si no lo demostramos en nosotros mismos primero.

Este guion de diálogo interno con café para *ser una madre o padre increíble* incluye un diálogo personal que reprograma tu cerebro para aumentar tu propia autoestima y ser el mejor padre/madre que puedas ser.

Nota: inserta el nombre de tu hijo (o hijos) en el guion para una conexión más personal y un efecto más fuerte. También siéntete en total libertad de ajustar el texto a ti y tu familia según sea necesario.

Guion de diálogo interno con café para: ser una madre o padre increíble

Me encanta ser una persona cariñosa.

Soy una mamá/un papá paciente, amable e inspirador(a) porque me tomo el tiempo para escuchar activamente a mis hijos.

Me encanta darles a mis hijos toda mi atención porque les demuestra lo importantes que son para mí.

Amo mi vida y siento gratitud por mi familia.

Ser madre/padre es divertido y emocionante. Es una aventura que atesoro.

La paternidad es una experiencia maravillosa y me encanta ver crecer y florecer a mis hijos.

Mis hijos merecen amor. Yo merezco amor.

Tengo generosidad y paciencia ilimitadas. Me encanta pasar tiempo con mis hijos.

Siento amor con todo mi corazón, momento a momento, y esto se extiende a mis hijos.

*Mantengo mi antena encendida con el fin de encontrar opor-
tunidades para ser una madre/padre increíble. Siento estas
oportunidades a mi alrededor. Mi energía elevada me mantiene atento y conectado con mis hijos.*

Tengo paciencia en abundancia y la comparto con mis hijos.

Adoro acurrucarme con mis hijos.

*Me gusta hacer cosas nuevas con mis hijos porque es diver-
tido y todos aprendemos cosas nuevas.*

Tengo una gran vida y mis hijos también aman la vida.

Escucho a mis hijos para que sepan que tienen voz.

*Cuando mis hijos entran a la habitación, levanto la vista de
lo que estoy haciendo y los miro a los ojos.*

Soy una madre/padre increíble porque creo en mí mismo.

Hoy, me permito apreciar a mis hijos.

*Tengo paciencia y permito que mis hijos hagan las cosas en
su propio tiempo.*

*Respondo con paciencia, compasión y bondad a los errores, y
hacerlo les enseña a mis hijos sobre la paciencia, la compasión y la bondad hacia los demás.*

*Puede que no tenga todas las respuestas, pero escucho acti-
vamente a mis hijos y les doy espacio para compartir.*

*Me gusta ser un modelo inspirador para mis hijos porque es
importante para sus vidas.*

*Es emocionante amarme a mí mismo y saber que mis hijos se
benefician enormemente de mi amor propio.*

*Tengo un corazón lleno de aventura, paciencia y bondad a
punto de reventar y listo para compartir con mi familia.*

La paternidad es mágica y tengo la suerte de tener a mis hijos.

Disfruto el tiempo que paso con mis hijos.

Más abrazos, más tiempo de calidad, más amor, eso siempre está en el menú de nuestra casa.

Me despierto rebosante de amor todos los días y me emociona compartirlo con mi familia.

Somos una familia increíble, llena de magia, amor y asombro.

Doy las gracias por mi familia y la gran cantidad de tiempo que tengo para pasar con ellos.

El tiempo con mi familia es importante porque nos une y nos hace más fuertes.

Yo soy amor. Yo soy bondad. Yo soy paciencia.

Capítulo 22

GUION DE DIÁLOGO INTERNO CON CAFÉ PARA NIÑOS (SIN CAFÉ)

¡Pequeño, tú moverás montañas! ¡Hoy es tu día! Tu montaña te está esperando, ¡así que emprende tu camino!

—Dr. Seuss

Cuando se trata de practicar el diálogo interno, los niños son un caso especial porque son muy influenciables. Incluso pequeños cambios en su programación, ahora, pueden impactar profundamente el resto de sus vidas. Como padres, nuestro trabajo es ser buenos modelos a seguir y enseñarles. Si tienes hijos, no solo serás un mejor padre o madre con el diálogo interno con café, sino que también querrás compartir todo al respecto con tus hijos. Tú eres el maestro, por lo que puedes tomarte el tiempo para enseñarles específicamente sobre el diálogo interno.

Claro, los niños no necesitan café… a menos que sea descafeinado, jaja. O bien, podrías ofrecerles, digamos, agua gasificada, en un vaso especial que solo usan mientras hablan consigo mismos. Este tipo de detalles marcan una diferencia divertida. Lo importante es ritualizar la experiencia del diálogo interno y repetirla con regularidad. Para un efecto máximo, conviértelo en parte de la rutina diaria de tu hijo.

Tómate un momento e imagina un mundo en el que todos los niños tengan una hermosa autoestima. Un mundo sin bravucones, donde todos los niños tengan amigos positivos y solidarios. Si enseñamos a nuestros hijos a hablar con ellos mismos, ellos estarán seguros de sí mismos y tendrán una voluntad más fuerte cuando se trata de resistir la presión de los compañeros. Se sentirán bien consigo mismos y no se compararán con los demás. Serán más felices y exitosos, y la generosidad llenará sus corazones. ¡Realmente funciona!

Las redes sociales como Facebook e Instagram pueden ser peligrosas para los niños. Incluso si ignoras los peores escenarios (depredadores, acoso cibernético y depresión/suicidio), incluso las faltas leves pueden acumularse con el tiempo y afectar la autoestima de los niños o fomentar un comportamiento antisocial.

Los padres no siempre podemos estar ahí, especialmente a medida que nuestros hijos crecen. Pero lo que podemos hacer es equiparlos con las herramientas para prosperar en este mundo moderno. Podemos mejorar de manera drástica la vida de nuestros hijos mediante el diálogo interno, ¡hoy mismo! Sin embargo, comienza con nosotros los padres. Debemos predicar con el ejemplo.

Estoy apasionada y emocionada ante la perspectiva de cómo la enseñanza del diálogo interno a nuestros hijos cambiará nuestro mundo. No solo los padres viviremos una vida mejor, con nuestro propio diálogo interno, sino que las generaciones futuras también prosperarán. ¡Piensa en ello como preparar a nuestros hijos para el futuro! Únete a mí para mejorar nuestras vidas amándonos a nosotros mismos y mostrando a nuestros hijos cómo amarse a sí mismos. ¡Marcamos la diferencia!

Sé que esto es posible porque lo veo todos los días en mi propia vida. Con mi propio programa de diálogo interno con café, estoy afectando de manera positiva a otras personas en mi vida (familia, amigos, lectores de mi blog y personas en las redes sociales). Mi diálogo interno me ha convertido en una persona y madre más amorosa, compasiva y amable. Cuando comencé a hacer mi diálogo interno, mi hija notó la diferencia en mi actitud y comportamiento de inmediato. Y, como alguien que pasó varias horas todos los días siendo educada en casa... por mí... ¡ella estaba *muy feliz* con la Nueva Yo!

Todos sabemos lo curiosos que son los niños. Podemos aprovechar esta curiosidad innata. Mi hija me vio haciendo mi diálogo interno con café y quería saberlo todo. Sobre todo, porque había incluido bonitas imágenes en el guion que leía en mi iPhone. Ella siempre está mirando por encima de mi hombro, viendo lo que estoy haciendo en mi teléfono. Fue una gran oportunidad para enseñárselo todo, sin necesidad de empujarla para que lo aprendiera.

Mi esposo, que había crecido con el diálogo interno, sabía lo que estaba haciendo y no necesitaba ninguna educación al respecto. Sin embargo, estaba entusiasmado con la idea de apilar mi diálogo interno con un ritual diario como el café de la mañana. Tiene una licenciatura en psicología y es un gran creyente del poder del ritual y lo que él llama «instalar» hábitos deliberados y poderosos. Al igual que instalar software en una computadora.

Otra forma de intrigar a tu familia con el diálogo interno es simplemente hacerlo frente a ellos. A lo largo del día, digo algunas de mis conversaciones internas en voz alta, mientras hago las tareas del hogar. No me importa si alguien me escucha. Un día, estaba colgando la ropa para que se secara y diciendo en voz alta cuánto amo nuestra vida. Me estaba diciendo en voz alta mi diálogo interno, pero sabía que mi hija podía oírme porque estaba allí, trabajando en su iPad. Dije: «Tenemos una vida increíble, somos tan bendecidos y afortunados. Estamos diseñando una vida genial y es emocionante lo poderosos que somos para hacer realidad nuestros sueños».

Unos minutos más tarde, mi hija (a quien le encanta escribir historias) interviene con su propia manifestación expansiva y dice: «Voy a ser tan famosa como J.K. Rowling algún día! ¡Espera, no, seré aún *más famosa*!». ¡Vaya, mi hija está pensando en grande! Grité por dentro y me di un «choca esos cinco» mental. Ella ya está expandiendo su mentalidad y aprendiendo, estableciendo «metas grandes, descabelladas y audaces» (Big Hairy Audacious Goals o BHAG, por sus siglas en inglés) y *diciéndolas en voz alta*... todo gracias al ejemplo que estoy dando.

La primera parte para lograr que tus hijos hablen consigo mismos es dar el ejemplo y hacerlo tú mismo. Explícales lo que estás haciendo, por qué lo haces y comparte los guiones que estás utilizando para que puedan verlos y comprender el proceso. Si los niños son pequeños, digamos, entre 4 y 6 años, entonces podrías leerles algunos de los siguientes guiones y pedirles que los repitan, línea por línea. A medida que crecen, es posible que prefieran hacerlo solos. Mi hija de 10 años prefiere hacerlo sola, pero a veces me da permiso cuando quiero hacerlo con ella.

Trata de establecer una rutina en la que tú (o ellos) hagan esto todos los días a la misma hora. Puede ser por la mañana cuando comienzas tu día o mientras los arropas por la noche. Abrazar y sostener a tu hijo en tu regazo, cuando es pequeño, es una excelente manera de crear lazos y compartir algo de tiempo juntos. O tal vez les encante la idea de ponerse una capa y un escudo, como un superhéroe, mientras les lees su diálogo interno, ¡y ellos lo repiten!

A medida que crecen, pueden leerlo ellos mismos y ser creativos al elaborar sus propios guiones. Una de las formas favoritas de mi hija para participar en esto fue cuando le di permiso para usar marcadores de borrado en seco en el espejo del baño para escribir su diálogo interno y hacer dibujos al lado. Me impresionó con algunas de las conversaciones internas que creó por su cuenta. En el caso de los niños de esta edad, digamos, de 7 años en adelante, es posible que valoren un poco de privacidad mientras lo hacen, pero depende de ellos. Realmente no hay una forma incorrecta de hacerlo, en la privacidad de su armario o gritando desde la azotea. De cualquier manera, puede ayudarlos a encontrar un momento y un lugar especiales para hacerlo. Lo importante es que lo hagan con regularidad.

Nota: los niños pueden preguntar por qué las líneas del diálogo interno se expresan como verdaderas, cuando aún no lo son. Esto está bien. Simplemente explica que no es una mentira, sino más bien, «estamos programando nuestros cerebros de la manera que queremos que sean».

Con niños de alrededor de 7 años (o más), explícales esto *con anticipación*, antes de que escuchen los guiones. Esto ayudará a prevenir el escepticismo y la confusión sobre el proceso y tu motivación.

A medida que los niños crecen, si no han estado haciendo esto toda su vida, estarán más interesados cuando vean lo poderoso que ha sido para ti el diálogo interno. Algunos niños inicialmente rechazan la idea, lo cual es una buena señal ya que refleja cómo se sienten consigo mismos. En estos casos, yo haría todo lo posible para que sigan adelante, porque incluso si al principio les parece poco sincero o tonto, esas poderosas palabras se abren camino en la psique de tu hijo y, a la larga, echarán raíces.

De hecho, no estoy totalmente en contra de «sobornar» a los niños para que hablen consigo mismos al principio, mientras se forma el hábito. Por ejemplo, podrías ofrecer una recompensa si acepta hacerlo todos los días durante 21 días seguidos o convertirla en una recompensa semanal. Por ejemplo, quizás por cada 7 días, pueden elegir algunas canciones en iTunes, o un libro de su elección, o un juego. Recuerda, a los niños mayores, con acceso a la tecnología, les puede gustar agregar música e imágenes a su diálogo interno, como sugerí para los adultos en la Parte I de este libro. Sé que a mi hija le encantan las calcomanías y todo lo que incluya dibujos, por lo que usar un diario con lápiz y papel puede ser divertido para ella.

La conclusión es que es importante presentar el diálogo interno a los niños de cualquier edad. Y cuanto más jóvenes, mejor. Ya sea que se trate simplemente de repetir una línea varias veces al día o de leer un guion completo, comienza a meter la idea de la autoestima positiva y a preparar a tus hijos para un gran éxito y amor.

Guion de diálogo interno para niños

Merezco amor.

Me quiero.

Puedo crear cosas increíbles y me gusta explorar.

Amarme a mí mismo es divertido.

Me divierto jugando, explorando y siendo yo mismo. Me quiero como soy.

Tengo un mundo de oportunidades esperándome. Estoy emocionado por la vida.

Puedo hacer cualquier cosa que me proponga. Es una gran sensación.

Me gusta hacer cosas buenas para los demás porque se siente bien.

Soy un niño/niña agradable y lo siento todo el día.

Soy una buena persona.

Siempre tomo en cuenta los sentimientos de otras personas antes de decir o hacer algo.

Siento amor con todo mi corazón, momento a momento.

Yo soy mi propio animador. ¡Vamos, yo, tú puedes!

Me gusta ayudar a los demás.

Me gusta cuidar mi cuerpo porque me mantiene saludable y fuerte.

Me gusta hacer cosas nuevas porque es divertido.

Merezco amor y respeto.

Siempre estoy listo para aprender porque tengo un cerebro increíble, soy tenaz y doy mi mejor esfuerzo todos los días.

Brillo e ilumino mi vida porque estoy lleno de energía y amor.

La vida es una gran y divertida aventura y estoy emocionado de despertarme todos los días.

Soy una persona divertida y me divierto.

Soy creativo, lleno de ideas y capaz. Disfruto de los desafíos y los supero con todas mis fuerzas.

Todo es posible porque soy imparable. ¡Sigo adelante, pase lo que pase!

Tengo toneladas de ideas creativas porque me abro a ellas.

Me amo. Siempre me amaré.

AYUDAR A OTROS
Y CONCLUSIÓN

Ayudar a otros a hacer diálogos internos con café

Es posible que no puedas cambiar a otras personas, pero hay algo que sí puedes hacer para inspirar a otros a hacer los cambios por sí mismos. Simplemente puedes ser tú, reluciente, brillante y feliz. La gente se acercará más a ti y querrá estar contigo. Los atraerás con tu nueva energía positiva. Siempre recordaré una cena en la que una pareja estaba sentada frente a nosotros y la esposa me dijo: «Me gusta mucho estar contigo. Tienes una actitud tan buena». Guau... no pude evitar sonreír después de escuchar eso.

Hay un nombre para este fenómeno: «contagio emocional». Significa que inconscientemente puedes aprovechar las emociones de otras personas. Una forma de hacer que los demás se sientan mejor es simplemente inspirarlos dejándolos observar los cambios que estás haciendo. Cuando te sientes en la cima del mundo, tu energía positiva emana de ti y los empapa.

No te sorprendas cuando la gente empiece a preguntarte: «¿Por qué siempre estás de tan buen humor?». Una vez que preguntan, han abierto la puerta para tener la conversación. Ahí es cuando los enganchas. Aprovecha la oportunidad compartiendo tu historia y explicando cómo utilizaste los diálogos internos con café para transformar tu vida.

Realmente se trata de cambiarte a ti mismo primero. Otros lo presenciarán y no podrán evitar querer una parte de lo que tienes. Aprovecha esto y comparte lo que estás haciendo. Cuéntales acerca de tu nueva rutina de diálogo con café. Préstales este libro y explícales lo fácil que es sentirse tan increíble. ¿Quién no querría eso?

Diálogo interno con café: conclusión

El diálogo interno con café es una rutina diaria fácil de cinco minutos que tiene el poder de cambiar tu vida. La forma en que hablas, piensas y sientes es responsable de todo en tu vida. Usa esto a tu favor y convierte tu vida en la MEJOR y más mágica de la historia. ¡Vive una vida legendaria porque *lo vales!*

El diálogo interno con café es una de las cosas que hago regularmente para mejorar mi día a día. Únete a mí en mi sitio web en kristensraw.com, donde comparto más sobre este tipo de cosas maravillosas y todas las otras cosas divertidas, jugosas y emocionantes que estoy haciendo para crear mi vida de millonaria *sexy* y feliz.

¡Y escríbeme a Kristen@HappySexyMillionaire.me para contarme tu historia!

¡Me encantará saber de ti!

Cada segundo que tienes en este planeta
es precioso y es tu responsabilidad ser feliz.

—Naval Ravikant

Tengo un ENORME favor que pedirte.

Si pudieras ayudarme, te lo agradecería mucho. Me encantaría que dejaras una reseña de este libro en Amazon. Las reseñas son increíblemente importantes para los autores y estaré muy agradecida si puedes escribir una.

¡Me encantaría saber de ti y de tus experiencias agregando el diálogo interno a tu vida!

Envíame un correo a *Kristen@HappySexyMillionaire.me* para compartirte personalmente ejemplos de diálogos internos en inglés.

O encuéntrame en:

Mi sitio web: kristensraw.com
Instagram: CoffeeSelfTalk

Y puedes unirte a nuestro divertido y animado grupo de lectores de este libro:

Facebook.com/groups/coffeeselftalk